COMPASIÓN
Con Pasión

COMPASIÓN

Con Pasión

Celso Alonso

MIAMI

COMPASIÓN. Con-Pasión
@ Celso Alonso, 2019.
ISBN: 978-1071439739
Edición: Inés Anido
Edición y composición de interiores y cubierta:
Vilma Cebrián
www.alexlib.com

PARA TI, YOLY
1937-2018

ERA PRIMAVERA Y ALBA,
CUANDO TUS OJOS SE ABRÍAN,
Y EL SOL, ENTRABA EN MI ALMA
CUANDO TÚ ME SONREÍAS

Escucho en el jardín, llorar a las Lantanas,
El SOL... ya de mi alma salió
y las noches, son mucho más oscuras.

Tuyo, eternamente,

Otto

La historia detrás de la foto de portada

Yolanda Alonso, visitando un área muy cercana a un campo de cazadores.

Este pequeño venado había escapado del campo de cazadores donde habían matado a su madre. Era muy joven y se hallaba atemorizado y desorientado. Nos imaginamos que buscaba desesperadamente ayuda y protección.

Dedicatoria

Mi devoción y gratitud plena...

PARA TI, YOLANDA, MI ADORADA ESPOSA de sesenta y cuatro años de matrimonio, uno de noviazgo y uno de habernos visto por primera vez.

Incluyo en esta dedicatoria a mis tres hijos:

Yocel, Juan Carlos y Celso, y a sus esposas: *Susan, Cecilia (Chilo),* y *Theresa*, incluyendo a *Lourdes (Luli),* que siempre ha estado y estará en nuestros corazones.

A mis seis nietos:

Adam y Daniel, Amada y Adrian, Deanna y Andrew.

Y a mis dos bisnietas:

Madeline Esperanza y Meghan, más todos aquellos que están por nacer.

Contenido

Agradecimientos 13

Prólogo 19

Editorial 23

CAPÍTULO 1 25

CAPÍTULO 2 101

CAPÍTULO 3 153

CAPÍTULO 4 199

Agradecimientos

A la memoria de mi entrañable amigo Profesor *Don Emilio Martínez Paula*, Profesor de la Universidad de San Thomas en Houston Texas, escritor de variadas obras sobre Cuba y sobre Filosofía y que mantuvo siempre su lucha contra las tiranías, donde quiera que se produjeran.

Un muy especial agradecimiento a la Dra. Vilma Cebrian, excelente amiga que con su sapiencial conocimiento de la literatura y de los libros supo dirigirme e informarme disciplinadamente los pasos necesarios a seguir para tener éxito en este empeño.

También agradecido quedo a otra profesional de la literatura, Ibis Fleites, que siempre me otorgó su voluntad y ayuda desinteresada.

Guardaré siempre un recuerdo memorable de agradecimiento para la Catedrática *Inés Anido* y su esposo *Gary Brunner*. Él, Oficial retirado con honores de la Marina de los Estados Unidos; ella, eminente profesora retirada del Distrito Escolar Independiente de Houston, y profesora adjunta de "*Houston Baptist University*" cargo que ocupó por muchos años, gracias a su dedicación, sapiencia y aplomo.

Ambos, durante la larga enfermedad de mi adorada esposa Yolanda, semana tras semana nos visitaban, para ayudarnos y compartir con nosotros, aquellos meses tan dolorosos.

Después, gracias a sus conocimientos, me ayudó extraordinariamente en la revisión final de este libro, así como en la organización de los capítulos.

Con mucho Amor, le doy las Gracias a la *DRA. NIXCELA ARES-VALDÉS M.*D. que semana a semana, al terminar su labor en el consultorio médico, llegaba a nuestro hogar y chequeaba completamente lo "signos vitales" de mi esposa, después me daba las instrucciones necesarias y (nunca con apuro) se marchaba a su hogar, dejando mi corazón más tranquilo y lleno de agradecimiento. Gracias de nuevo, Dra. Nixcela, porque únicamente un alma noble y comprensiva como la suya, logra compartir tantas virtudes.

Pleno, imperecedero y profundo, es mi agradecimiento al *DR. ALFREDO SARDIÑAS M.D.* ya que con sus sapienciales conocimientos médicos, pudo extenderle la vida a mi esposa Yolanda por cuatro benditos y tiernos años, en los que pude volcar en ella mi mayor demostración de ternura y amor.

Mi pensamiento invoca al recuerdo del ya fallecido *Dr. Carlos Alberto Novoa*, digno cubano, con un profundo arraigo patriótico, periodista indomable y Director de la Revista "CRÍTICA" que alcanzó a ser la más importante revista Tejana en el idioma español. Que descanse en Paz.

Con no menos prioridad, mi agradecimiento va dirigido a mis queridos amigos *Mario y Aylin García*, cubanos ejemplares a los cuales visitábamos todos los domingos en la tarde, donde disfrutábamos de una excelente comida, coronada por nuestro famoso cafecito cubano. Ambos nos recibían con un cariño genuino y hoy día, después del fallecimiento de mi esposa, me sirven de un consuelo del que estoy enormemente necesitado; el tiempo que estoy con ellos me trae recuerdos agradables. Estas dos personas maravillosas, logran hacerme sentir mejor espiritualmente, Dios los bendiga.

Tampoco puedo dejar de mencionar a *Oscar Abelenda (Oscarito)* al cual mi agradecimiento hacia él esta perpetuado, debido a que durante la enfermedad de mi esposa, no hubo momento ni trabajo que necesitáramos que tuviéramos que esperar algún tiempo a que se realizaran, ya que

Oscarito los efectuaba rápidamente, o enviaba a uno de sus empleados para que lo llevaran a efecto casi inmediatamente; abandonaba sus obligaciones (que eran muchas debido a su profesión) para evitarnos cualquier demora.

Muy en especial agradecimiento a *Ana Margarita de la Torre (conocida como Aní)* dedicada, sacrificada e inteligente dama, prima de mi esposa, que vino desde Cuba solo y especialmente para atender a Yolanda cuando ya la teníamos en el hogar. La atendió admirablemente, con mucho cuidado, cariño y esmero. Al tenerse que marchar a su Patria, Cuba, debido a la enfermedad de su esposo, tuvo la previsión y buen acierto de dejar, para beneficio de mi esposa y de este servidor, de encargarle a su hija, Anyley González, el difícil sacrificio de continuar ayudándome en el cuidado de ella. Anyley, cumplió a cabalidad con su tarea, con energía y abundancia de buenos tratos, nunca puso reparos en lo difícil y extremo en su misión y afán de evitarle molestias y/o dolores a Yolanda a la vez que realizaba sus tareas de enfermería, tareas que presentaban mucha dificultad y dedicación.

LÁZARO SÁNCHEZ ÁVILA: Un religioso que de corazón ha ayudado y ayuda a sus semejantes. El Pastor Sánchez nació en Cuba, donde se graduó en lo que profesaba desde niño, Amor entre sus semejantes y se graduó en los "Estudios Evangélicos" en 1972. Cumplió profesión en Cuba, debido a su devoción al Cristianismo, como Pastor de la Iglesia Adventista del Séptimo Día, y en total ha llevado 46 años como Pastor, ayudando en su comunidad a los más necesitados. Aquí en Texas, hemos tenido la gran suerte de tenerlo entre nosotros por treinta años.

Ya, con mi esposa enferma, nos reanudó los votos matrimoniales de 64 años de casados el 2 de Febrero de 2018. Siempre ha estado cerca de mí, tratando de mitigar mi profundo dolor, y poco después nos ayudó con su benevolencia, sentidas y sinceras palabras en la funeraria y el cementerio, a desearle una Paz infinita a Yolanda y un alivio a nuestros corazones.

Un reconocimiento muy especial y enorme a las cinco damas que menciono a continuación:

Gloria Guinea, Olguita Antonetti, Tania Smith, Vilma Bujosa e Inés Anido. Todas ellas, formaron el círculo de personas (fuera de la Familia cercana) que le convertían los minutos en alegría y las horas en Felicidad. Yolanda, al estar con ellas, le daba Gracias a la Virgen de la Caridad del Cobre de haberle dado la oportunidad de tener alrededor de ella, cinco Ángeles más.

Prólogo

Por Vilma Cebrián

*C*uando Celso Alonso me pidió que escribiera el prólogo de su libro me sentí profundamente halagada, pero luego, tuve miedo. ¿Qué podría yo decir de un hombre excepcional, que abarcara la magnitud de mi aprecio por su persona?

Entonces decidí hacerle un amplio cuestionario, cuyas respuestas, o casi todas, conocía. Conozco a Celso desde hace 15 años, cuando él disfrutaba del esplendor de su "Librería Amigos", la mayor de libros en español en Houston, Texas por 25 años, y yo representaba algunas de las editoriales suministradoras. Nuestra amistad trascendió el mundo de los libros, para convertirse en una profunda relación de cariño y respeto, que también ha trascendido el tiempo.

Distinguido hombre de bien, su amor a la naturaleza no tiene límites. Por él conocí el Panteísmo, doctrina filosófica que afirma que todo lo que fue, es y será, es Dios, y en palabras del propio Celso, "el Panteísmo es todo lo que tiene vida". Entonces comprendí su profundo amor por la naturaleza, y su conversión, desde hace 55 años, al vegetarianismo.

Su amor ha estado repartido entre su familia: amantísimo padre y esposo-, sus amigos, sus libros y la naturaleza, no sabría decir si en especial los animales, o las plantas. Se le ha visto, lo mismo sembrando una mata de mango en medio de un tupido bosque, que recogiendo un perro callejero y alimentando a muchos. Otro amor, infinito, siente por su patria, Cuba, y desde Houston ha participado en muchos eventos en apoyo a una Cuba libre.

Su convicción en lo que cree lo ha llevado a ser parte -activa- de numerosas organizaciones, entre ellas, *National Antivivisection Society*, *Defenders of Wildlife*, *Peaceful Valley Donkey Rescue*, *World Wildlife Fund*, *Arbor Day Foundation*, *Animal Legal Defense Fund*, etc. Por más de diez años colaboró con la revista Crítica, publicando artículos sobre flora y fauna, con especial hincapié en la protección de los animales y la denuncia -con nombre y apellidos- del maltrato animal. Esa es la semilla de este libro, que compila muchos de estos escritos, e incluye algunas fotos originales, tomadas por el mismo autor.

En las siguientes páginas, usted conocerá las características de muchas plantas comunes, leerá historias contadas por sus protagonistas, los animales, y conocerá profundas anécdotas de la bondad animal, y también de su sufrimiento. Conocerá a la vaca Juliana, que tanto recorrió por regresar a su hogar, al perro Moncada que, por tu profunda amistad con los niños, hasta fue aceptada su asistencia a la escuela superior, a Junior, perro que salvó la vida de la madre del propio autor, la historia del cazador que dejó de serlo cuando tuvo la oportunidad que acariciar al venado que iba a ser su víctima, y compartir con él su merienda. Pero también conocerá detalles sobre instrumentos de tortura, experimentos científicos y malignas intenciones en las cuales, desgraciadamente, los animales son parte.

Leyendo este libro, se dará cuenta que no exagero cuando afirmo que su autor, mi estimado amigo Celso, es un hombre de elevados principios, valores y humildad.

Celso y Yolanda eran uno. Son uno. Tuve la inmensa dicha de compartir con ellos cuando visité Houston, y también cuando ellos visitaban Miami. Ante una desgracia personal me dio un consejo muy simple: "no te fajes con el tiempo, imagínate que estás en una balsa, por un río. Déjate llevar, que el tiempo acomoda el dolor". Aún hoy día pienso muchas veces que estoy en la balsa, y ya le devolví el consejo

Se me ocurrió preguntarle a Celso *¿Qué hubieras querido ser, de no haber sido Celso Alonso?* Su respuesta, como tantas, me tomó por sorpresa *"Me hubiera gustado haber nacido como una secuoya, porque son esos árboles gigantescos que viven en familia (todos los retoños son, o de la misma familia, o amigos de la misma clase), viven entre 2,000 y 3,000 años, y sirven principalmente para dar cobija, alimento, y protección a los pájaros, refugio y sombra a los animales (incluyendo personas, por supuesto), y los humanos no los destruyen, pues se han percatado de su majestuosidad y su beneficio simbólico, protector y de belleza. Por todo esto han sido designados Patrimonio de la Humanidad".*

Sin ser una sicuoya, este hombre de bien ya ha dado cobija, alimento, protección y mucho amor, a los animales y a las plantas, muestra de lo cual son los escritos que verán a continuación.

Editorial

El Homo Sapiens es, sin duda alguna, la creación más perfecta de la naturaleza, y como creación de ello solamente tenemos que mirar a nuestro alrededor, o inclusive, sin mirar, pensar en los grandes logros que en las ciencias hemos alcanzado. Por las mismas causas y efectos de nuestros logros, es por lo que nuestra responsabilidad hacia el resto de la creación de Dios se hace mayor. No hay planta o animal que no hayamos conquistado (con la única excepción de las que no conocemos), somos capaces de exterminar, consciente o inconscientemente especies completas de plantas y animales, sin excluir a nuestros propios congéneres individualmente o en masa ya que, por desgracia, nuestro sentido de bondad o caridad no ha evolucionado a la par que nuestros logros científicos. Exterminamos pueblos enteros en guerras por el afán del poder; asesinamos semejantes por lograr mejoras económicas, les quitamos la vida a nuestras mujeres y hombres por arranques emocionales de odios y celos, les introducimos pedazos de acero y plomo en el cuerpo a otras personas por discusiones referentes a la deformación de metales en la apariencia de nuestros vehículos, torturamos a niños inocentes porque sus lágrimas o gritos nos molestan, llevamos a efecto aberraciones sexuales con menores de edad (que a veces o muchas veces les cuesta la vida) sin pensar en las consecuencias que el caso acarrea, les quitamos la vida con premeditación a criaturas que aún no han nacido, porque calculamos fríamente que en un futuro serán un problema.

Pero Gracias a Dios, también hay miles de organizaciones de hombres y mujeres a quienes estos crímenes les repugnan, los combaten y, cuando ocurren abusos de menor cuantía, los humanos tenemos voz para protestar y siempre encontramos algún oído amigo que se digne a escucharnos.

Pero... los animales... y las plantas ¿qué pueden hacer? Ellos no tienen voz y tienen que depender, sin saberlo, del *homo sapiens*, el único que los destruye hasta su extinción y, también, el único que puede salvarlos.

CAPÍTULO 1

Moncada
El perro amigo hasta el final

erca de la Habana, Cuba, en el kilómetro 189 de la Carretera Central hay un pueblo, Colón, muy conocido por los viajeros, especialmente por los que viajaban en ómnibus, debido a que todos paraban en el mismo. Fue siempre un pueblo muy agradable y tiene el honor de que entre sus hijos se cuentan Ricardo Trujillo y Pancho de Armas, ambos coroneles de la Guerra de Independencia de Cuba. No es extraño pues, que en este marco de fraternidad surgiera la figura de "Moncada", un perro que por sus extrañas cualidades se podría decir, sin temor a equivocarse, que fue único en el mundo.

Allá por el año 1950 había un perro de raza mixta (*sato o saterrie*), típico canino cubano. Los habitantes del pueblo comenzaron a notar la profunda amistad que entre él y los niños existía. Por las mañanas siempre asistía a la escuela superior de Colón, "Luz y Caballero" y allí jugaban un rato, después las maestras trataban de sacarlo de las premisas, pero los niños lo escondían con ellos detrás de los pupitres, etc., hasta que las maestras, dándose cuenta que el perro en verdad no era una influencia dañina, sino al contrario, beneficiosa, accedieron a dejarlo allí todas las mañanas. Los niños a su vez compartían con él parte de la merienda que tenían, y luego, en las tardes, dondequiera que hubiera un grupo de niños, se podía asegurar que allí se encontraba a Moncada jugando con ellos. Otra de las particularidades por la cual este perro no molestaba en las escuelas es que nunca se le oyó ladrar, o sea que fue completamente aceptada su asistencia a la escuela superior.

Su nombre al parecer surgió inspirado por las aventuras de "Leonardo Moncada", que se suponía que estuviera en todos los lugares necesitados.

A continuación, pasamos a explicar precisamente la cualidad específica de este sentimental canino.

Colón no era un pueblo muy grande, por lo tanto Moncada conocía a todas las personas de la localidad. No tenía un dueño específico, su hogar era el pueblo entero, sus dueños, los habitantes del mismo; dormía en diferentes casas, dependiendo donde se encontraba, y su alimentación se efectuaba de la misma manera. En una oportunidad notaron que a la muerte de uno de los ciudadanos de Colón, que estaba siendo velado en su casa, había hecho su aparición el perro Moncada, el cual con la tristeza reflejada en sus ojos se echó debajo del féretro y allí estuvo unas dos horas, para marcharse luego tan silencioso como había llegado. Se comentó, pero no se le hizo mucho caso, que el difunto había sido visto en dos o tres ocasiones dándole comida a Moncada. Al día siguiente, exactamente a la hora del entierro, se apareció de nuevo Moncada (como si le hubieran dicho a qué hora se iba a efectuar), y desde la casa, acompañó al entierro hasta el cementerio, hasta su conclusión, después de lo cual se retiró a sus rondas por el pueblo.

Días después hubo otra defunción en Colón, en esta oportunidad el velorio se efectuó en una funeraria. Cerca ya de las nueve de la noche se apareció Moncada como la vez anterior; en sus ojos no traía el brillo de alegría que se le notaba cuando estaba jugando con los niños, de nuevo en sus ojos aparecía esa profundidad de la persona que comprende y que sufre. Estuvo dos horas debajo del ataúd, silencioso, inmóvil, concentrado. Después se retiró, imperceptible, y a la hora del entierro, como la vez anterior, puntualmente llegó, y acompañó también hasta el cementerio a su amigo fallecido.

Esta conducta de Moncada fue observada desde ese día en todas y cada una de las defunciones del pueblo de Colón. Al fin y al cabo, todos en el pueblo eran sus amigos, aunque con cada defunción se enterraba un pedacito del corazón de Moncada, que se veía envejecer más prematuramente que otros perros del pueblo. En una oportunidad la tragedia abatió fuertemente al pueblo, cuando en un terrible accidente automovilístico, cinco jóvenes, todos residentes de Colón, murieron en el mismo. Los cinco eran buenos amigos de Moncada, no hacía mucho que habían abandonado la escuela superior. Uno de ellos fue velado en el Liceo del Pueblo, dos en la Logia Masónica, y tres en sus casas particulares. Moncada asistió a los tres lugares, unas dos horas estuvo debajo de cada féretro, se le oyó gemir en esa larga y dolorosa noche. Los cinco fueron llevados juntos al cementerio, Moncada, puntual, los acompañó, y no se marchó hasta la despedida del último. Después de este infortunado accidente, Moncada nunca fue el mismo, esa noche, cuentan los que lo conocían bien, envejeció mucho.

Todos recuerdan con sonrisa en los labios un hecho inaudito. El departamento de sanidad de Colón cambió de director. Trajeron a un señor de Matanzas, el cual no estaba familiarizado con Moncada, y ordenó, en contra de la voluntad del chofer del camión de recogidas, que recogiera al perro. Cumpliendo con las órdenes, el chofer lo recogió, pero inmediatamente se encaminó a la estación del Radio Local e informó lo que estaba sucediendo. Ni cortos ni perezosos, al aire salió la noticia, e inmediatamente, las llamadas y las visitas al Departamento de Sanidad y al Director del mismo sumaban decenas. Niños, ancianos, obreros y profesionales, todos acudían a socorrer a Moncada. Las protestas se oían por la radio. Al día siguiente, escritos se materializaban en el periódico local. Al fin el director cedió a la presión y accedió a soltar a Moncada después de haberlo vacunado. Cuando lo echaron a la calle, él no podía comprender lo que estaba sucediendo, tantas amistades allí, frente al edificio donde lo habían pinchado, "qué raro" pero movió su cola con alegría y se fue a jugar con los niños.

Después de este caso, el prestigioso Club de Leones de Colón, le rindió en homenaje a Moncada, un almuerzo donde asistieron muchas figuras prestigiosas de la localidad. A Moncada se le puso como es lógico, un plato especial no en la mesa, pero sí al lado de ellos. Se le otorgó un diploma que se guarda en el club, y una medalla que lo acreditaba como figura especial del pueblo.

Después del accidente de los cinco jóvenes, Moncada continuó cumpliendo con sus amigos, pero su paso era más lento, ya no podía darse la caminata completa hasta el cementerio, y con cada muerte, Moncada moría un poquito, iba hasta mitad del camino y regresaba agotado.

Al morir Moncada, de una muerte prematura, allá por el año 1959, el pueblo de Colón en su totalidad sintió su desaparición. Fue colocado en una caja, hecha especialmente para él, y fue acompañado al cementerio por los amigos que le quedaban, que eran muchos. Fue enterrado en el mismo cementerio donde en tantas ocasiones él dio muestra de sus sentimientos, allí a la entrada del mismo hay una rotonda, muy bien cuidada siempre, donde crece una palma, símbolo de Cuba y su espíritu, y allí descansa Moncada, otro de los hijos de Colón.

Este relato estrictamente cierto se lo debemos a la cooperación de un colombiano que vive entre nosotros y es muy apreciado. Nos referimos al Sr. Julián García, sin el cual hubiera sido imposible su realización.

Quizás algún día sepamos por qué estos amigos caninos se han entregado de lleno a seguir nuestras huellas en los destinos del universo. Quizás sean ellos los que, a la hora del juicio final, al igual que guían a los ciegos en la tierra, sean los destinados a guiarnos a los pies del Señor. Recuerden, Dios es amor, entrega y humildad, y son ellos, nuestros amigos los perros, los más vivos exponentes de nuestras cualidades.

Si a usted se le pierde su perro, ¡Cuidado!

En la ciudad de Houston, Texas, las autoridades encargadas de la recogida de los perros tienen la práctica de vender muchos de estos pobres animalitos para las pruebas de laboratorio, y no precisamente para salvar vidas humanas.

En estas cámaras de terror, torturan, mutilan y destruyen poco a poco a nuestros animales con un sadismo que va más allá de toda comprensión; a veces les cortan las cuerdas vocales (para que no les moleste sus gritos de dolor) y entonces, proceden con sus prácticas diabólicas, entre ellas, les sacan los ojos, los abren y les cortan los músculos, les dan de tomar a la fuerza ácidos y venenos, donde mueren lentamente tras días de intensa agonía. Y ¿qué ganan con todo esto? Dinero, mucho dinero que pagamos con nuestros impuestos, alegando el nombre de la ciencia. Esto no podemos permitirlo, porque el próximo perrito que ellos capturen y torturen, puede ser el nuestro, y porque van en contra de Dios, tan horribles torturas.

Junior
El perro que salvó a mi madre

eguramente el lector está familiarizado con los innumerables actos de heroicidad en que han estado envueltos los animales, especialmente los perros, debido al amor que estos seres vivientes, inteligentes y leales sienten por sus amos, pero debo confesar que nunca había estado en presencia de un perro-héroe que realmente hubiera salvado la vida de una persona, aunque en este punto debo aclarar que, presentándose la oportunidad, cualquier perro que haya sido atendido con un poco de cariño, está dispuesto en todo momento a arriesgar su propia vida en defensa de la persona que le ha dispensado un poco de compasión.

A continuación el relato de "Junior", el perro héroe de mi madre, tal como me lo contó ella al día siguiente del suceso:

Aconteció el 14 de febrero de este año 1985, un día particularmente triste para mi madre, ya que ella recordaba que muchos años atrás, en un día como éste había conocido a mi padre, y otro

14 de febrero, un año después, había sido escogido por ellos para casarse. Ya mi padre no estaba con ella en cuerpo, había fallecido hacía algunos años.

Como es natural, en este día ella estaba muy deprimida. Concha, que así le decían a mi madre sus amistades, vivía sola, ese era su deseo, continuar viviendo en la casa que había compartido con su compañero. Ella me enseñó a amar a los animales, siempre tuvo perros, y a todos los recordaba por sus nombres. "Junior" es el nombre del perro que le regalaron. Era un perro grande, que tenía de *German Sheperd*, al que comúnmente llamamos perro policía.

Mi madre padeció de los oídos, debido a lo cual era parcialmente sorda, tenía su aparatico para oír mejor, pero regularmente no lo usaba ya que según ella, le molestaba. Junior, desde temprano y sin que alguien le enseñara, se dio cuenta de esta situación y ya muy joven comenzó a dejarle saber a mi madre cuando tocaban a la puerta, o si el teléfono estaba sonando, y no era que solamente ladrara, no, era que la iba a buscar e insistía hasta que ella respondía a sus avisos. Por muchos años, desde que murió mi padre hace trece años, Junior fue los oídos de mi madre.

Foto de los padres del autor, junto a Junior,
el perro que le salvó la vida a su madre

Ese 14 de febrero amaneció el día nublado, húmedo, frío, y estos factores no ayudaban a mi madre a sobreponerse a sus recuerdos. En la sala de la casa, situada en el tranquilo pueblo de Bellaire, Texas, tenía un butacón donde cómodamente leía o escribía poesías, arte que había cultivado toda su vida. En un extremo de la sala hay una calefacción de gas, grande y eficiente. Eran como las dos de la tarde, y la casa, debido a que la temperatura había ascendido en el exterior, se había puesto un poco calurosa. Mi madre se incorporó, observó a Junior que dormitaba cerca de ella, y se dirigió a apagar la calefacción. Las llamas estaban muy altas, y con un simple movimiento de la mano, apagó las llamas y se dirigió de nuevo a su butacón, continuó en la lectura, y poco a poco, se fue quedando dormida. Lo que mi madre no sabía era que, por primera vez, ella no había tenido la precaución de cerciorarse que el gas estaba completamente cerrado, y aunque ella había apagado la llama con un rápido movimiento de su mano, un pequeño escape de gas había comenzado a invadir la habitación. Ella dormía profundamente.

¿Cuánto tiempo transcurrió? Ella no lo sabía, solo recordó que Junior, su perro, ladraba sin cesar y le daba golpecitos con la cabeza. Ella no comprendía lo que estaba sucediendo, él caminaba hacia la puerta del costado, o sea que no estaban tocando a la puerta ¿Sería el teléfono? se encaminó al mismo, y no, no era el teléfono. Entonces percibió el olor a gas, iba en aumento, vio al perro parado al lado de la calefacción y comprendió, se encaminó a paso apresurado y cerró la llave del gas completamente. Junior le había salvado la vida ¿Cómo este perro se había dado cuenta de dónde procedía el peligro? ¿Cómo sabía que este era un peligro mortal? ¿Por qué se había percatado que si no despertaba e insistía, mi madre no sabría lo que estaba ocurriendo? Sólo Junior sabía hasta dónde su inteligencia y amor por mi madre Megan; en este punto debo aclarar que Junior tiene ya quince años, esto en un perro representa la misma edad de un humano de 105 años. Junior es un anciano, con problemas artríticos, pero esto no fue óbice para que se mantuviera alerta para salvarle la vida a mi madre. Por desgracia, tres días después, mi madre fallecía de un ataque al corazón por causas ajenas al suceso antes mencionado. Junior no pudo ayudarla, estoy seguro que hubiera dado su débil corazón por ella si hubiera sido preciso. Ayer llevé a Junior al veterinario, le recetaron unas pastillas para sus dolores reumáticos, lo visitamos y lo sacamos al patio dos veces al día, pero Junior está triste, no creo que dure mucho. Él sabe que mi madre se ha ido y que no volverá, y quizás, quizás, un ser viviente y sensible como Junior, que pudo después de oler el gas, darse cuenta que este era un asesino invisible y advertir al ser que más quería del peligro en que estaba, quizás, también se percata de lo abstracto, y reza a Dios a su manera, y si Él existe, y existen otras vidas, Junior, cuando muera, volverá a reunirse con mi madre.

Cuando visité a mi madre al día siguiente de este suceso, me maravillé del mismo y le comuniqué mi deseo de publicar esta historia. Ella se mostró complacida y prometió buscarme unas fotos del perro, pero no tuvo tiempo, la muerte la sorprendió el 17 de febrero de ese año, las fotos de Junior las tomé en esos días, son actuales, en ellas podrán observar lo anciano que ya se encuentra; a mi Madre seguramente le agradaría mucho ver su perro-héroe en la revista, y orgullosamente hablar de él a sus amistades. *En Paz descanses, Mamá, nosotros cuidaremos a Junior.*

Celso Alonso

Napoleón
Una historia sencilla y feliz

*H*ay tantas historias tristes, de personas, de animales, de plantas! Usted, amigo lector, me ha soportado más de una en la cual seguramente ha encontrado mucho sufrimiento, y si su alma es simple y compasiva como la mía, usted ha sufrido con ella. Ver sufrir, yo diría, es morir un poquito, ya que en nuestras almas la alegría no perdura ante el sufrimiento y el dolor. La historia a continuación es de diferente matiz, no es de heroicidad, pero tampoco de dolor, es una sencilla historia de todos los días, ya que todos los días se nos puede presentar la ocasión de repetir algo similar, y esto es una felicidad. Ante este mundo que nos rodea de tantas frustraciones, es muy refrescante saber que todavía el buen samaritano existe en cada uno de nosotros y podemos traerle la felicidad a algún ser viviente.

La continuación de la calle Harrisburg, en Houston, Texas, se llama Broadway. Tres cuadras después de su comienzo, que es donde se unen Harrisburg y Navegación, se halla lo que en esta

Ciudad llaman *"underpass"*, o sea, usted pasa "debajo" de algo. En este sitio o *underpass* hay unas líneas ferroviarias que cruzan por arriba, y son cuatro líneas de tránsito, con una isleta en el centro y altas paredes en los lados. Pues bien, una mañana de invierno transitaba por este lugar cuando acerté ver lo que parecía un perro muerto en la pequeña isleta de concreto en el centro del *underpass*; al principio no le presté mucha atención, y continué mi camino hacia la oficina de correos que está cerca de este lugar. Allí realicé las operaciones que necesitaba, pero algo había en la imagen que mi mente reproducía de aquel perro del *underpass* "que estaba tirado como muerto" que no se ajustaba a la realidad de un animal atropellado por un vehículo.

Sinceramente no sé qué fue lo que me hizo pensar en esto, y decidí regresar al lugar y observar a ese perro tirado en el medio de la calle, con más atención. Debo aclarar, y los que conocen este sitio lo saben, que en este "paso por debajo" es difícil hasta aminorar la velocidad, ya que los automóviles y camiones se desplazan bastante apurados. En este segundo pase noté que, aunque el perro estaba inmóvil completamente, como si estuviera muerto, no se le notaban heridas o magulladuras, y esto era lo que había despertado mi interés en primer lugar, sin haberme percatado de lo que era. Entonces decidí esperar a que el tránsito aminorara un poco y regresé de nuevo por el lugar, esta vez a muy poca velocidad. El perro, ciertamente, estaba inmóvil, pero al parecer sin heridas, y fue en este instante cuando tomé la decisión, atravesé el *"underpass"*, estacioné mi carro a la entrada del mismo, pero fuera de peligro y me dirigí hacia el lugar.

En este punto quiero explicar que para una persona este lugar es peligrosísimo, más para un animal, ya que, como expliqué anteriormente, los vehículos "corren" mucho en este sitio, y los costados están amurallados, sin contar que cuando está pasando el ferrocarril por arriba, el lugar es ciertamente para asustar a cualquiera.

Crucé hacia el centro de la isleta, y me acerqué al sitio donde se encontraba el perro, que seguía inmóvil. Cuando estuve como a seis pies del mismo, le silbé para ver si reaccionaba, me lo imaginaba muerto o muy mal herido, pero al oír mi silbido, levantó la cabeza, lucía muy sorprendido y agitado, aunque en este momento aseguro que mostró un inmenso alivio cuando me vio, se levantó y vino hacia mí. Yo estaba muy sorprendido, el perro lucía estar bien, entonces comenzó a brincarme, quería que lo cargara, entonces comprendí, el perro estaba aterrado, parece ser que por equivocación, en alguna hora de la noche o muy temprano en la mañana cuando el transito no es tan severo, este perro entró en este *underpass*, y aterrado por los ruidos de trenes y el peligro de muerte que representa este lugar no supo qué hacer, no sabía cómo salir de allí, y decidió quedarse inmovilizado, quizás paralizado por el mismo miedo. Lo cargué. No parecía un perro callejero, estaba gordito y su pelo bien cuidado aunque muy sucio; poco a poco, logramos salir del lugar, y entonces me vino la pregunta, y ahora, ¿qué hago con este perro?

Recordé que el Director de la Revista Crítica, el Dr. Novoa, era una persona buena y caritativa, que ama a los animales y deseaba tener un perrito, pequeño preferiblemente, así que monté al perro en mi carro. Ya pueden imaginar cómo me puso los asientos. Lo llevé a su oficina, y le dije: Dr. Novoa, le tengo un regalo, él se mostró intrigado y lo llevó hasta mi carro, al verlo, se mostró muy sorprendido, y me dijo, me gusta, pero yo prefiero un perrito desde pequeño. "Pero me gusta", añadí, entonces me preguntó, ¿cómo lo conseguiste? , ¿Hace tiempo lo conoces? Dude mi respuesta solo un segundo, odio la mentira, pero temí que el pobre perro fuera rechazado al desconocerse su procedencia. Yo no soy hombre que puedo vivir con la mentira, y le contesté, inmediatamente, "no, hace solamente quince minutos que lo tengo", y procedí a contarle la historia. Lo miró de nuevo, ya yo lo había sacado del carro, y después de venir a mí, como dándome las gracias, se fijó en el Dr. Novoa y fue hacia él. Ambos se miraron fijamente. El Dr. Novoa levantó su cabeza, me miró y dijo, "Napoleón, se llamará Napoleón". Hoy día, gracias al buen corazón del Dr. Novoa, y a la inteligencia de este perro que supo esperar pacientemente, Napoleón vive feliz en su nueva casa donde Bertica y Carlos Alberto lo han acogido como a un miembro más de la familia.

Aquí pueden ver un perro feliz, Napoleón jugando en el patio de su nueva casa.

¿Los han visto?

Confundidos y atemorizados, hambrientos y sedientos, así están los perros callejeros y/o perdidos. ¿Se han fijado ustedes cómo buscan en nuestros rostros un gesto o una señal que les indique que vamos a ayudarlos? Cuando ven a un niño, quizás percibiendo que el alma de ellos aún no se ha endurecido, tratan con más ahínco de serles agradables ¡Pobrecitos los perros callejeros! Ellos no comprenden esta selva de concreto que hemos creado (aunque algunas veces, que por qué no decirlo, ni nosotros mismos la comprendemos). Todos nosotros hemos visto a estos pobres echados cerca de las puertas de algún restaurante, esperando que alguien se apiade de ellos y les traiga algo de lo que nos quedó en el plato para matar el hambre que tienen; pero no, la mayoría no lo hacemos. A unos no nos importa, y a otros, nos da pena pedirle al camarero que envuelva un poco de la sobra. Hay a quien le da vergüenza que otras personas los vean alimentando a un perro callejero. Yo no, a mí no me da pena, me siento orgulloso si me ven mal. Con mis actos les estoy diciendo: Yo tengo compasión, ellos, los perros, se lo agradecerán mucho, y usted (ya lo verá) se va a sentir mejor. No tendrán palabras para darle las gracias, pero seguramente lo podrá leer en sus ojos, y si Dios está mirando (dicen que Él lo ve todo), también se lo agradecerá, y... quién sabe, quién sabe... si también está haciendo una rayita en el haber de su libro. Sí, ya lo sé, y solamente estoy hablando de los restaurantes en los barrios pobres, que son los que yo patrocino (que dicho sea de paso, son en los que mejor se come). Los otros restaurantes, los de los ricos, no, esos no tienen perros en las puertas, ya rápidamente mandan a buscar a los recogedores de animales para que los maten, pero ¿se han fijado? tampoco tienen pordioseros; el dolor y la pobreza a algunas personas no les inspira compasión, sino molestia. ¡Qué pena!, pero, pena por ellos que son los que se están deshumanizando.

Bendita miseria

En el puerto de Barcelona ocurrió una catástrofe que costó la vida a muchas personas y consternaba a todos los habitantes de la capital de Cataluña.

Una "Golondrina" (Nombre que se da a una pequeña embarcación que solo cruza el Puerto), al hacer su acostumbrado viaje desde la Puerta de la Paz a la Barceloneta, llevando a bordo muchas personas, entre las que abundaba el elemento infantil, fue echada a pique por un barco de la Tabacalera, que hizo una falsa maniobra.

La frágil embarcación se hundió rápidamente y, por constar de dos pisos, se hizo muy difícil el salvamento de los que ocupaban la planta baja. Era día festivo, y la "Golondrina" iba abarrotada de pasajeros, que perdieron la serenidad ante la inminencia del peligro. La confusión que reinaba en el pequeño barco era indescriptible.

Entre los náufragos había una niña que se estaba ahogando, cuando un perro, que saltó de una lancha, cogió con los dientes sus vestidos y dio tiempo a que la auxiliaran, librándola de una muerte segura. El animal que realizó tan noble acción pertenecía a unos pescadores que lo habían recogido en la playa y al que llamaron Miseria por su pequeñez y su aspecto esquelético. Pero, a pesar de su extremada delgadez y de su pequeña talla, se ganó la simpatía de los que fueron sus amos, por su docilidad y su inteligente mirada.

Los periódicos hablaron con encomio del can que se arrojó al mar por salvar una vida humana, se publicó su fotografía y se prodigaron alabanzas al "amigo del hombre".

En el Parque de la Ciudadela se organizó un festival para condecorar al perro bienhechor, al que asistieron un gran gentío, la niña salvada y los dueños del héroe. Al colocarle el collar con una medalla de honor, exclamó uno de los espectadores: "¿Por qué llaman Miseria a este animal, si debiera llamarse Bondad?".

Celso Alonso

En vida no escucharon sus quejas

Uno de los más notables monumentos dedicados a los animales es el que se erigió en el "Paso Blanco", Yukón, Canadá.

Se calcula en más de tres mil los animales de carga que fueron sacrificados por la fiebre del oro de los años 1897 y 1898, en Klondike, cuando los mineros pagaban por ellos cantidades muy crecidas y los obligaban a llevar pesados fardos hasta que caían para no levantarse. Las grandes nevadas formaban en invierno engañosos caminos que parecían firmes y, apenas los cuadrúpedos trataban de andar por ellos, se hundían y se precipitaban en el abismo, donde agonizaban durante varios días sin que nadie los auxiliase. Desde el año 1899 ya se dispuso de otros medios de transporte.

Florencia Hartshorn concibió el proyecto de levantar un monumento a los animales de carga que perdieron la vida en Alaska, y esta idea fue apadrinada por los "Exploradores de Yukón". Se inauguró el monumento el año 1928 y asistieron a la ceremonia representantes de varias Sociedades de Canadá y muchos oradores que expusieron, en sentidas frases, los grandes sufrimientos que padecieron aquellos animales, víctimas de la ambición de los hombres.

La inscripción del monumento dice así:

LOS MUERTOS HABLAN

En memoria de los tres mil animales de carga que dejamos nuestros huesos en estas terribles montañas durante la fiebre del oro de los años 1897 y 1898. Damos gracias a las personas que oyeron nuestros gritos de dolor. No hemos esperado en vano.

La crueldad permitida, aumenta

Como siempre hemos repetido, se le debe enseñar a los niños a tener compasión hacia los animales. Si no lo hacemos correremos el riesgo de verlos convertirse en criminales en potencia.

El Rey de Francia, Luis XIII, era en su juventud muy poco blando de corazón. Un día lo sorprendio su padre, el Rey Enrique IV, mientras se disponía a machacar con una piedra la cabeza de un gorrión.

El Rey cogió una vara y vapuleó a su hijo como se merecía. La madre, la Reina María de Medicis, regañó fuertemente a su esposo por tratar al heredero de la corona francesa de tan afrentosa manera, pero el Rey le contestó: *"Dios me dé larga vida, que si un día llego a faltar, muy mal le anduviera a la madre con este hijo despiadado"*. Tales palabras fueron proféticas. El año 1610 el Rey Enrique moría por mano de Ravaillao, y aquel muchacho cruel subió al trono. El nuevo Rey ajustició a muchas personas y desterró a su propia madre. La desventurada Reina, agotada por la pesadumbre de tanta ingratitud, murió poco después.

El cazador que dejó de serlo

El relato a continuación es el de un habitual cazador que dejó de serlo, Mr. A. Kulik. La revista New England Homestead publicó la historia, una verídica historia, corta y sentimental.

¿Por qué he dejado de ser cazador? El caso no es largo de contar. Pero no sé si ustedes lo entenderán tal como fue.

Lo mismo que ustedes, vivía yo contando los días que faltaban para la temporada de caza. Me parecía que tardaban siglos en llegar esas mañanas de aire seco y frío en las que, después de la humeante taza de café, empuñamos el rifle con la mano enguantada y echamos a andar por el monte en que la nieve recién caída cruje a nuestro paso.

Sí, yo también he matado unos cuantos ciervos. Es emocionante, no vale negarlo. Hay, me parece a mí, algo que nos viene de nuestros antepasados en la ansiedad gozosa que se apodera de nosotros cuando, al asomar el ciervo, espiamos el instante de apretar el gatillo; y en la satisfacción un poco jactanciosa con que comentamos el episodio con los amigos; y en el orgullo con que vemos en el testero de la sala la cabeza del ciervo convertida en trofeo. Sí, todo eso es emocionante.

Y hay, además, el encanto del bosque, particularmente a fines del otoño. En algunos sitios las copas de los árboles forman techumbre por la que los sesgos rayos de sol se filtran a trechos. Toques de blanco, verde y oro dondequiera; y un silencio de catedral en que oficia la Naturaleza.

Así les pareció a mis ojos el bosque de Clareyville la última vez que allá estuve. Sin más compañía que mis pensamientos, rifle en mano, llevando por toda provisión el termo con café y tres gordos emparedados, me interné ladera arriba en dirección a la senda trillada por el ciervo, que desde antes me era conocida. Efectivamente, en la nieve encontré huellas recientes del paso de la res. A un lado de la senda, inmediatos a la cresta de un montecillo cercano, ofrecían excelente escondite varios pedrejones. Fui allá, di vuelta a unos pocos de ellos para limpiarlos de nieve, y quedé al acecho. El frío apretaba de firme, pero yo iba bien provisto de ropa para el caso y no me hizo mella.

Una hora llevaría allí sentado sin que el ciervo asomase por parte alguna. Saqué del morral un par de emparedados y los acompañé con unos sorbos de café. Del ciervo, ni señales. La quietud del bosque era absoluta. El escaso viento que había soplaba en dirección a mi escondite.

De pronto lo vi. ¡Un soberbio ciervo de ocho candiles! Estaba a mi izquierda, a menos de seis metros, en un calvero que no le ofrecía en 25 metros a la redonda abrigo alguno. ¡Lo tenía yo a tiro hecho!

Tal vez por esto mismo no apreté el gatillo. Me pareció que no era deportivo matarlo de ese modo. Era menester dejar que me viese, soltase un bramido, revolviese los ojos, y vacilase un instante antes de salir de estampída. Pero me salió la criada respondona con ese ciervo. No huyó; *vino hacia mí.* ¿Por curiosidad? ¿Por estupidez? ¡Vayan ustedes a saber porqué!

Y cuenta que se trataba de un ciervo agreste, falto de malicia. Era un ciervo en la flor de la edad, que de sobra sabría lo que son cazadores y escopetas. Pues él seguía acercándoseme, yo que seguía aguardando, sin hacer nada. Más que ver, contemplaba lo noble de las líneas de la cabeza, lo perfecto de las ramosas cuernas de ese ciervo que paso entre paso, con resuelta lentitud, continuaba avanzando, fijos en los míos sus grandes ojos expresivos... ¡Caracoles! Acabó por no tenerlas todas conmigo. Y no era para menos. Los ciervos no son de fiar; y el tamaño de este era algo imponente. Pero, al llegar frente a mí, se quedó inmóvil, mirándome.

Cerca, muy cerca, este retoño de venado se acercó a mí. ¡Qué fácil es asesinarlos! ¿Dónde está la diversión del cazador, dónde está su valor, dónde su hombría?

Lo que pasó enseguida, más que verdad, parece un cuento. Por un impulso instintivo como el que nos lleva a acariciar al cachorrito que se nos acerca cariñosamente, alargué la maño y empecé a rascarle a mi ciervo en la frente, a la altura de los ojos. Pues le gustó. Era de ver a la corpulenta y hermosa bestia salvaje agachar la cabeza lo mismo que lo hubiera hecho un caballo para pedirme que continuase.

Le acaricié la cerviz, le di unas palmaditas en el costado al deslizar mi desnuda maño por la tibia suavidad del aterciopelado pelaje. Apoyó él una y otra vez el hocico en mi hombro, tranquilamente. Sin el menor recelo. Y no se rían ustedes, le di el emparedado que me quedaba. Sí, claro que sé lo que les gusta a los ciervos; pero lo que es éste se saboreó el emparedado.

Siguió a mi vera un rato más. Después echó ladera abajo, para tomar luego por la cuesta que llevaba a su querencia. ¿Echar yo entonces mano al rifle? ¡No! Ustedes tampoco habrían hecho nada semejante. Me quedé viendo cómo se alejaba, ágil, gallardo, altiva la hermosa cabeza con cornamenta de ocho candiles.

Bueno, poquísimo es lo que me falta por decir. Cogí el termo, recogí los papeles en que traje envueltos los emparedados y, con el rifle bajo el brazo, me dirigí al lugar donde había dejado el coche. Iba a mitad de camino cuando sonaron los disparos. Fueron dos solamente: un sordo traquido y, segundos después, otro más. Para mis oídos de cazador esto quería decir: ciervo muerto. Aunque tal vez estuviese yo equivocado. ¡Ojalá! Pero lo malo es que no era yo el único cazador que andaba ese día por aquellos parajes. Y ninguno de los otros cazadores tenía por qué saber lo que sentimos al tropezar con un ciervo de altiva cabeza que se deja acariciar por nosotros.

¡Cazadores, Dios espera por vosotros!

En el mismo centro de la foto, venado de orgullosa y altiva cabeza. Si hubiera sido un cazador, lo hubiera matado, Pero dígame: quitarle la vida por placer a tan bella criatura, ¿no es esto un crimen?

Cuando una persona cae, herida de muerte, atravesados sus pulmones por una bala, en esos momentos, su inteligencia no le sirve de mucho, sufre y quiere vivir, y sus instintos primitivos tratan de guiarlo y sostenerlo; también, cualquier otro ser viviente, aunque no pertenezca a la raza humana, sufre el mismo dolor y el mismo trauma al ser herido, trata de vivir y siente que se le va la vida, intenta respirar, y sus atravesados pulmones no lo ayudan, hace el esfuerzo de huir y los debilitados músculos no lo acompañan; sufre igual que el hombre, carece de importancia que no comprenda la razón de encontrarse como se encuentra, el sufrimiento no varía, la muerte llega, despiadada. Aquellos, que por placer matan, aquellos, que despliegan con orgullo sus instintos criminales aplicados a los inocentes, aquellos, que disfrutan de la agonía de su presa; aquellos que dicen creer en Dios, acuérdense que Él dijo: "*No Matarás*" (dos palabras solamente) y estas palabras incluyen a los animales. Él pudo haber dicho "no matarás a tus semejantes", pero no, Él dijo sólo dos palabras "*No Matarás*", pero si usted, Señor Cazador, prefiere cambiarlas, o agregarle más palabras, o interpretarlo de una forma diferente para la conveniencia de encubrir su maldad hacia los inocentes e indefensos, Usted es libre de hacerlo, pero tenga presente que nunca podrá engañar al Todopoderoso. Cazadores, Dios espera por vosotros, **para enviarlos al infierno.**

Los Cazadores

De lo único que podrán sentirse orgullosos es de la destrucción, muerte y dolor del terror que ocasionan. A mí particularmente me abochorna que estos seres pertenezcan al mundo de las especies animadas y con movilidad. Servirían mejor a Dios, si hubieran nacido como árboles, al menos nos darían sus frutos o su sombra.

La Caza

La cacería es una práctica repugnante, ya que el cazador mata por el placer que produce quitarle la vida a un animal, disfruta de cada fracción de segundo en que aprieta el gatillo de su rifle y ver caer sin vida otra víctima más, disfruta la muerte que ocasiona, y después, si la víctima es grande, bella o majestuosa se hará fotografiar junto a su cadáver para que todos los amigos lo admiren. Pero... ¿Admirarle qué? ¿Sus instintos criminales? Después hay quien razona estos instintos criminales de esta forma: Yo como todo lo que mato, pero la realidad es otra, ellos no matan para comer, el placer es lo único que los guía, el morboso placer de matar, de sentirse poderosos, de sentirse dioses pero, si lo pensaran, sabrían

Celso Alonso

que no pueden ser dioses los asesinos de la obra de Dios.

No compre abrigos de pieles

Existe un tipo de cazador en los Estados Unidos que, en vez de rifles y balas, usan unas trampas de hierro llamadas en este país *"leg-hold-trap"*, ya que al pisarlas se cierran brutalmente en la pata del animalito, el cual, aterrorizado al querer escapar, solamente logra hacerse más daño y aumentar su agonía: muchas veces permanecen días o semanas desangrándose, o mueren de hambre y sed con el dolor retratado en sus caras. Los afortunados mueren al día siguiente de haber sido atrapados, cuando el cazador hace la ronda a las trampas que ha puesto, y los acaba de matar a tiros o a golpes para no dañarles la piel, que más tarde venderá para ser convertida en abrigos.

Algunos han podido escapar. ¿Cómo? Pues mordiendo y destrozándose su propia patica, solamente para morir horas después, desangrados o con gangrena; pero amigos, por favor, pensemos qué clase de desesperación, terror y dolor puede llevar a estos animalitos a cercenarse ellos mismos sus extremidades. No hay religión en el mundo que deje de castigar esta crueldad, ni hay Dios, cualquiera que sea la definición que le demos, que pueda perdonarlo.

Casi todos los países del mundo civilizado prohíben cazar con este tipo de trampas. Brasil, Dinamarca, Alemania, Grecia, Suecia, Inglaterra, Italia, Suiza, Israel, Gambia, Polonia, República Dominicana, Bangladesh, etc. etc. Y la lista podría hacerse interminable, y entonces ¿cómo es posible que los Estados Unidos, un país que liderea al mundo en las luchas por la Fauna y la Flora, no se haya sumado a esta larga línea de países en su prohibición contra esta bárbaramente inhumana forma de caza?

Debemos hablar y hacerles saber a las mujeres que compran las pieles, que por lo menos a 25 a 50 de estos animalitos deben morir bajo la circunstancia antes mencionada para que ellos o ellas puedan lucir estas pieles, y tenemos que recordarles que de todas esas pieles se fabrican imitaciones sintéticas, bellísimas, y que abrigan aún más. Por favor, no dejen que la vanidad sea más fuete que sus sentimientos humanos.

NO COMPRE SU ABRIGO DE PIEL

Un caso de amor

Hace ya algunos años en una de mis visitas a la ciudad de México, me ocurrió un caso muy extraño y la extrañeza no es porque no suceda con frecuencia, no. La extrañeza es porque en muy pocas ocasiones nosotros los humanos tenemos la suerte de observarlos. Fue un caso de amor, amor no solamente para nuestros semejantes, fue algo más sublime, un caso de amor hacia otra especie y en este suceso en particular, contenía desprendimiento y piedad de una especie oprimida hacia un sujeto de la especie opresora.

———————

Me iba dirigiendo por la que creo que es la calle Reforma casi al final, y frente donde comienza el Parque de La Alameda hacia el hotel donde me había hospedado. Serían como las dos y media de la tarde. Me detuve en el semáforo antes de cruzar la calle, cuando observé en la acera del frente un perro grande, de los llamados comúnmente "policía", muy flaco. Indudablemente era un perro callejero o llevaba ya mucho tiempo perdido.

Lo que más me llamó la atención fue que a este pobre perro le faltaba una pata trasera, por lo que imaginé que le sería más difícil todavía buscarse la vida o encontrar alguien que lo adoptara. Cuando me pusieron la señal de cruzar, me apresuré y dirigí mis pasos hacia una venta de emparedados y perros calientes que había cerca, pedí disculpas a otros clientes que estaban allí antes que yo y le pedí "por favor" al dependiente que me diera "rápidamente" un pan con dos perros calientes. En estos momentos, el perro (muy inteligente al parecer) estaba esperando con las demás personas para cruzar él también la calle. Lo llamé, se me acercó un poco desconfiado y tomó el pan con los dos perros calientes en su boca. Noté que meneó el rabo como diciendo "Gracias". En este momento ya estaban cambiando las luces en el semáforo y las personas comenzaban a cruzar la calle. El perro, dando unos extraños brinquitos debido a la falta de su pata, se dirigió al bordillo de la acera para cruzar la calle. Fue entonces que tuve la dicha de observar un hecho que ha dejado en mi personalidad, grabada firmemente, un bello y ancho horizonte sobre el significado y la extensión de las palabras "desprendimiento y piedad" el cual alcanza a todas las especies de animales, incluyéndonos a nosotros. Noté que el perro, al llegar al bordillo de la acera se había detenido casi bruscamente y estaba mirando muy fijamente hacia "algo". Levanté mi vista para ver qué era lo que el perro miraba tan fijamente, cuando observé que en dirección contraria, cruzando también la calle, venía un pordiosero de los que abundan en la ciudad, pero a este, me imagino, se la haría la vida mucho más difícil.

A este infeliz le faltaban las dos piernas, venía montando sobre una tabla rústica que tenía unas ruedas pequeñas de patines. Como dicho pordiosero había comenzado a cruzar la calle mucho antes que el perro, ya había llegado al lado contrario antes que el perro bajara de la acera, allí, las miradas del pordiosero y del perro (debido a la falta de piernas del hombre) estaban a la misma altura, frente a frente. El hombre se detuvo, levantó su cabeza y vio cara a cara al perro; el tiempo parecía que se había detenido, la mirada del perro era de profunda comprensión, de una profunda comprensión que solo los que sufren entienden. No eran dos pares de ojos los que se observaban, eran más bien cuatro estrellas de Dios que comprendían y, fue en ese instante que ocurrió el sorprendente hecho: el perro bajo la cabeza, puso el pan con los dos perros calientes sobre la rústica tabla que servía de transportación al pordiosero, lo miró nuevamente, meneó el rabo y se alejó, cruzando la calle con determinación, dando sus extraños brinquitos al caminar.

Miré al pordiosero que en ese momento se enjugaba los ojos y lo comprendí. También a mi comenzaban a humedecérseme los ojos.

Juliana

Regresar a nuestro hogar, regresar al lugar donde hemos nacido, regresar al punto de partida, esto es algo que todos los seres vivos tenemos muy presente. Es una fuerza que ha llevado al peregrinaje a millones de personas, y en el caso de animales como el perro y el gato, miles son las historias de regreso a sus hogares a través de múltiples peligros sin conocer el territorio recorrido.

Otro ejemplo maravilloso, por supuesto, son las palomas mensajeras, las cuales con un sorprendente sentido de orientación, tratan siempre de regresar a sus hogares. Muchas quedan en la travesía, pero siempre intentándolo. *"Todo es hecho del polvo, y todo se tornará en el mismo polvo"* Ec. C.3 V.20. La historia siempre se repite, y está en nuestros genes el regresar.

Los humanos tendemos a olvidar que los animales tienen sentimientos, y en muy raras ocasiones podemos traer a nuestras mentes los sentimientos de animales que no vemos a diario, salvo despedazados para ingerirlos. Esta es la historia de uno de esos nobles animales, Juliana, una vaca Brahman de dos años.

En un rancho en el norte del Estado de la Florida, cerca de un pueblo llamado *Christmas* (Navidades) vivía muy tranquilamente Juliana, una bella vaca de la raza de las Brahman. Allí había nacido, y allí esperaba pasar el resto de su vida. El benigno clima de la Florida le había hecho su vida muy agradable. Cerca, muy cerca estaban sus verdes pastos. Una pequeña laguna era alimentada de agua fresca por un serpenteante y murmurador arroyo. Juliana era feliz. Un día la bella vaca se enamoró y, de sus relaciones con el apuesto y fuerte toro, Juliana quedó preñada, motivo por el cual, y las mujeres podrán comprender esto mejor que los hombres, Juliana empezó a tener antojitos y estos antojitos, los cuales dicho sea de paso no eran tan extravagantes, comenzaron a traerle problemas. La bella vaquita quería comer, todos los días, naranjas de la Florida, y ¡a quien no le gustan las deliciosas naranjas! El dueño del rancho, el señor Kraftsow (Kraftsow quiere decir en español "Puerca de papel de madera"), no quería que Juliana se comiera sus naranjas, y la encerró en un cercado, pero Juliana no permitía que la cerca le impidiera comer las ricas naranjas Floridanas, por las que le había "dado la barriga" y brincaba la cerca. El señor Kraftsow decidió vender a la dulce vaquita. Como a 42 kilómetros de distancia había otro rancho de un amigo suyo, Read Hayes, quien accedió a comprar a Juliana por la suma de $350 dólares, un precio muy barato considerando que Juliana ya estaba preñada. Entonces enlazaron a la vaca y la montaron en el camión, muy triste y a regañadientes... Sufría mucho Juliana. Atrás quedaba el hogar de toda su vida, atrás quedaban los verdes y conocidos pastos, atrás el susurrante arroyo y los compañeros. La estaban enviando a un exilio forzado, y esto es bien doloroso. Llegaron al mediodía al nuevo rancho, y a Juliana se le partía el corazón. Fue cuando tomó la decisión, se escaparía, trataría de regresar a su hogar. Al caer la noche Juliana comenzó su intento, sólo llevaba pocas horas en las desconocidas tierras, estaba muy desorientada, nunca había estado por esos lugares, pero tenía que jugársela. La noche era muy oscura y llovía torrencialmente. Cuando saltó la primera cerca el temporal arreciaba y la visibilidad era muy escasa, pero ya había dado el primer paso y tenía que continuar. En los 42 kilómetros que la separaban de su hogar encontraría muchas cercas de púas, dos o tres pantanos, algunos pastos en los que podría descansar, y un río, el río *Econlockhatchee* de bastante caudal, y muy crecido por las lluvias; pero Juliana no se atemorizó y lo intentó. Pasaron muchos días, y por mucho que el ranchero Read Hayes buscó a su nueva vaca, no la encontró y la dio por perdida. Ni se molestó en llamar a Kraftsow, él nada podía hacer, además no era su culpa.

Un lunes, al oscurecer, uno de los trabajadores de Kraftsow llegó corriendo a la casa principal. Juliana había regresado, el empleado había visto un movimiento diferente entre las reses esa tarde, corrían de un lado a otro sin sentido y mugían con más intensidad, y cuando fue a averiguar lo que sucedía la vio, había perdido unas cien libras de peso, a pesar de que no le había faltado comida pues abundaba en el camino. Tenía algunas pequeñas heridas, pero estaba bien, muy bien, y contenta; la última cerca que había tenido que brincar para entrar en el rancho estaba construida con postes de concreto con un ancho de cinco pies, había sido una hazaña increíble, estando preñada además; Juliana había regresado a su terruño. Pero esta no es una historia que acaba feliz. El señor Kraftsow la envió de nuevo al exilio, lejos del lugar que Juliana tanto quería. Read Hayes comentó: "es posible que la maternidad la tranquilice". El señor Kraftsow, (Kraftsow, repito, para los que saben inglés, quiere decir "puerca de papel madera") no quiso premiar a Juliana por su amor y su heroísmo. Esperemos que la dulce Juliana se acostumbre a su nueva tierra y sea feliz, se lo merece.

El nocturno sonido de la muerte

El hombre, para librarse de los insectos que le son perjudiciales (a su entender) o desagradables, ha ideado varios sistemas. El "mata mosquitos manual" ha sido sin duda el más usado y práctico, pero últimamente la guerra declarada al mosquito lo ha llevado a dos puntos distantes y perjudiciales a otras vidas, ya que el uso excesivo de químicos ha comenzado a perjudicar a la propia raza humana, envenenando sus propias aguas y cosechas, sin darse cuenta que al mismo tiempo se está envenenando a sí misma.

Otra de las formas de eliminar los mosquitos, y que se ha puesto de moda, le hace más daño a las mariposas nocturnas que al mosquito. Me refiero a un aparato eléctrico que se cuelga en los patios, de luz azulosa que atrae a los insectos y cuando se ponen en contacto con ella, mueren electrocutados.

Sinceramente, esta indiscriminada forma de matar a los mosquitos es muy irresponsable, ya que como mencioné anteriormente, una enorme cantidad de mariposas nocturnas que también son atraídas por la luz azul, mueren electrocutadas. Cientos de veces he escuchado el desagradable sonido de un cuerpo vivo achicharrándose en vida. No sé cómo las personas que tienen estos aparatos en el patio de sus casas, lo resisten. *PBREHEHH PBREHEHH*, horas tras horas y cuando persiste varios segundos más *PBREHEHH* es que en esos momentos está matando un insecto grande: Otra mariposa.

Algunas de las mariposas nocturnas son muy bellas y otras, aunque no tan bellas, son útiles. ¿Sabía usted que la especie conocida como "gusano de seda", que presta gran utilidad al hombre en la confección del tejido de seda, es una mariposa nocturna?

Gundlachianus (Battus gundlachianus), exclusiva de Cuba.

¿Cómo pueden dormir tranquilos escuchando el sonido de la muerte?

La Noticia:

Toro ataca y deja sin vida a un hombre en un matadero

En esta forma apareció la noticia en los periódicos

Un guardia de seguridad fue muerto por un toro mientras contaba el ganado que iba a ser sacrificado. El toro, después de brincar la barrera atacó y dio muerte al empleado en un matadero, en Houston, Texas. Hacía solamente dos años que dicho empleado trabajaba en el lugar. Nuestro reportero acudió a dicho lugar pero, a pesar de su insistencia, no le permitieron obtener información del suceso, como si algo más tenebroso se ocultara.

Desde otro punto de vista

Así apareció en los periódicos de Houston, Texas, esta trágica noticia (solamente se ha omitido el nombre de la víctima y el del matador por respeto a los familiares del fallecido). A continuación, la misma noticia, pero, "desde el punto de vista del toro":

"Nací sin suerte, descendiente de los reyes de las praderas, corpulento, fuerte, hijo del espacio abierto que se acuesta en el horizonte como si descansara de la larga caminata, con orgullo de estirpe, lleno de músculo y noble de corazón. No sabía dónde me conducían, pero ya no esperaba algo bueno de los hombres que me transportaban en este hacinado y sucio camión. Había dejado atrás unas horribles cárceles de madera donde había padecido golpes y humillaciones desde mi infancia. Mi infancia únicos días que recuerdo con agrado junto a mi madre, a la cual un día se la llevaron en un camión parecido a este y nunca volvió. Quizás ahora sabré qué fue de ella. Aún recuerdo sus gritos llamándome inútilmente ¡Cuánto sufrí su ausencia!

Ya han pasado dos días y aún no me han dado de comer o beber, horrible infortunio el de mi clase. Hemos llegado, pero, ¿a dónde? y ¿qué es ese extraño olor? Me trasladan a otra cárcel de madera, donde aún sin comer o beber, más hacinados estamos.

Anochece... amanece, ni espacio para acostarnos hemos tenido y ahora nos conducen en línea por entre dos barreras, siento gritos desesperantes, y el horrible olor ha vuelto, olor a tierra con sangre, lo conocí de joven cuando un enorme camión arrolló a un amigo que había salido de la barrera, en el rancho, pero este olor es más intenso, más profundo, más atemorizante.

El Sol esta mañana me hizo recordar los viejos pastizales de mi niñez, y aunque poco a poco nos acercábamos al extraño lugar al que tanto temía, con el pasar de las horas me sentí un poco aletargado, soñoliento, y soñé. Soñé con hierba fresca, con agua, con mi madre. El Astro Rey ya calentaba duramente mi sangre joven, y desperté a la realidad. Los gritos de mis compañeros se hicieron más reales, y más real aún aquel olor a tierra ensangrentada, olor a entrañas violadas, olor aterrorizante del indefenso cuerpo atacado por la furia inescapable del hombre convertido en verdugo, donde se ligaban al unísono como una creación del infierno, sudor, risa y crueldad; los gritos al acercarnos se convertían en gemidos estentóreos que poco a poco se apagaban... ya, ya, alcanzo a ver algo, allá van algunos de mis compañeros... pero... pero no se mueven; los verdugos le han quitado el soplo de la vida, y se les escapa la sangre, y a ellos... no les importa. ¡Oh, qué dolor, qué dolor! Ya sé por qué mi madre nunca volvió, ya sé lo que me espera. Levanto la cabeza y allí veo a uno de los verdugos, del otro lado de la cerca, sonriendo y contando, contando y sonriendo. Para él somos números, sólo números, no vidas aterrorizadas, no sabe que amamos el Sol, la brisa, el verde pastizal, y la dulce sombra del

Celso Alonso

roble solitario. Él contaba, sonreía y contaba, 86, 87, 88... Allá va el negro sin vida, la fresca sangre aun surtiendo de su antes ágil y fornida figura, y la pinta, que amaba la lluvia, y la carmelita, la blanquita; ¡Oh malvados, malvados! Ríen, sudan y matan y vuelven a reír, por décima vez levanto la cabeza, salto la cerca y arremeto feroz contra el verdugo. Mis tarros buscan justicia y encuentran su corazón. Su sangre, para sorpresa mía, no se eleva al cielo, también corre hacia abajo, hacia la tierra, y también es roja. Después, no recuerdo bien. Me vi ya recibiendo el golpe mortal que me quitó la vida".

La sangre del joven Toro corrió a la tierra, que recibió con amor la tibia y roja savia de la vida. No hubo distinción, sangre de verdugo, sangre de inocente, Ambas Bienvenidas.

Baby Fae
La niña con corazón de mono

El viernes 26 de octubre de este año, 1984, se ha hecho historia en muchos aspectos. En este trágico día se le implantó el corazón de un mono de la especie de los "baboons" a una niñita recién nacida en el pueblo de Loma Linda, California.

Trataremos, con los datos que hemos ido obteniendo, de darle a nuestros lectores un punto de vista real en la significación de este evento, el cual, a medida que nos van llegando los datos, más pruebas podemos darle a nuestro público hispanoamericano del por qué condenamos tan denigrable hecho que nos quieren presentar como un acto de humanidad y es, por el contrario, según muchos médicos y científicos autorizados, una operación efectuada sin tomar en consideración los intereses intrínsecos de la niña.

Caras feas en Loma Linda

Dinero, poder y fama fueron las causas que indudablemente precipitaron al Doctor Bailey a implantarle el corazón de un mono a una niñita, a los catorce días de nacida.

Y afirmo que fue "dinero, poder y fama" porque ya se ha sabido (otros doctores lo declararon) que en las horas que precedieron a tan controvertida operación se le hizo saber al Doctor Bailey que existía un corazón humano que reunía las condiciones necesarias para que la operación tuviera éxito, pero el infame Doctor Bailey optó por robarle el corazón del "baboon" a sabiendas que al hacerlo le traería "fama, poder y dinero" sin importarle la vida de la niñita, que hubiera tenido muchas oportunidades de vivir si le hubieran implantando el corazón de un recién nacido de su misma especie, el cual, repito, estaba disponible.

Este hecho ocurrió en el *Loma Linda University Medical Center*, un hospital en California, perteneciente a la Universidad de la localidad de Loma Linda, donde las entradas de dólares que reciben por experimentos con animales suman millones, y la ética de sus acciones deja mucho que desear al ampliar sus experimentos con pequeños e indefensos seres humanos, arriesgándoles la vida sin importarles las consecuencias. Esto ha quedado demostrado hasta la saciedad en este ejemplo de crueldad hacia la pequeña niñita y hacia el *"baboon"*. Ella, la que es conocida por el nombre de *"Baby Fae"*, hubiera tenido más oportunidades si el Doctor Bailey hubiera tenido menos interés en hacerse famoso, y más interés en salvarle la vida. El rostro de Loma Linda ha quedado desfigurado por la mueca de la fealdad de los experimentos con el fin del lucro.

Pero... ¿tenía el doctor Bailey alternativas lógicas?

Esta pregunta la estoy haciendo ya que, de no haber habido alguna otra alternativa lógica, no hubiera sido justo de mi parte acusar al Doctor Bailey de haber actuado y efectuado esta peligrosísima operación buscando solamente fama y fortuna. La respuesta me la dio el Doctor William

Norwood en declaraciones que hizo a la prensa, diciendo que él, personalmente, había efectuado muchas operaciones como estas en recién-nacidos, los cuáles, más de cuarenta de ellos, han sobrevivido las mismas y, a continuación, añadió: "no solamente yo he realizado este tipo de operación, sino otros cirujanos en el *Boston Children's Hospital* han tenido éxito en operaciones semejantes". En conversación privada con otro médico agregaba que uno de sus pacientes ya había cumplido cuatro años de edad, el mismo que había sido operado a los pocos días de su nacimiento, y él estaba seguro que viviría una vida normal, ya que la operación (que se hace en dos partes) tiene enormes probabilidades de éxito, pues al recién-nacido ni se le quita su corazoncito, ni se le añade otro, y mucho menos de un animal de otra especie.

Un periodista, presente cuando el Doctor Norwood estaba comentando sobre la operación, le preguntó directamente, "¿Doctor Norwood, si usted hubiera tenido a Baby Fae como paciente, le habría hecho el trasplante?" a lo que el famoso cirujano respondió: "Si yo hubiera podido escoger, nunca hubiera efectuado el trasplante, prefiero usar cualquier otro tipo de operación" y cuando le preguntaron, "¿Habría usted, Doctor

Norwood, operado a la niñita, ayudándola, si los padres de Baby Fae se lo hubieran pedido?", a lo que el Doctor William Norwood respondió con un categórico "Sí".

Ética. ¿Qué es eso?

Según el diccionario *"Larousse"*, ética es *"Parte de la filosofía que trata de la moral y de las obligaciones del hombre"*, y aquí cabe preguntarnos: ¿qué moral y qué obligación tuvieron el Doctor Bailey, el grupo que lo asistió en la operación, y los directores del Hospital Universitario de Loma Linda, para experimentar con la niñita Baby Fae? Porque, comprobado el hecho de que existían alternativas y otro corazón humano que este grupo de infames animales del género humano podían haber utilizado, y no lo hicieron en busca de más dinero y la fama que no tenían, la respuesta a esta pregunta es fácil: no tenían, o no conocían el significado o el sentimiento de la palabra "Ética".

Tanto es así, que otros médicos que pertenecen a la Comisión de Ética de la Asociación de Médicos, han expresado públicamente su desacuerdo con dicha operación. Y otra pregunta que ellos han hecho, y sobre la cual todos debemos meditar, es la siguiente: ¿Tienen derecho los médicos y/o los científicos (cualquiera de ellos), a realizar

estas operaciones monstruosas en seres humanos sin el consentimiento de las autoridades per-
tinentes, y sin un estudio previo hecho por otros
médicos y/o científicos que no tengan nada que
ver o ganar con la institución que va a realizar la
operación? ¿Tiene cualquier médico o institución
"carta blanca" para injertar, extraer, sustituir, cualquier órgano a un ser humano y reemplazarlo por
los de un animal? ¿Es posible que el ser humano
haya perdido en esta forma la moral?

¿Qué es un babún? (Baboon)

El babún es un primate como el hombre, y
como el hombre su devoción por la familia es inmensa. Al igual que nuestros congéneres, puede
ser monógamo o polígamo (o sea tener una sola
hembra y dedicarse a ella solamente, o tener más
de una y las defiende aún a costa de su vida) y al
igual que los humanos es extremadamente celoso
y castiga (algunas veces con la muerte) cualquier
tipo de infidelidad. Y ahí termina en lo que respecta al amor su parecido con el humano, ya que
muy raramente un babún enamora una hembra
que pertenezca a otro macho, al menos sabe y conoce el respeto, más que los hombres. Los hijos
son amamantados y criados por la madre, que a la
vez es la encargada del transporte de los mismos

cuando se trasladan de un lugar a otro. El padre es el encargado de proveer comida y defenderlos en caso de peligro. Los babunes son cuadrúmanos extremadamente sociables y bien organizados. Estudios que se han hecho de los mismos han demostrado que viven en grupos, algunas de estas comunidades alcanzan la cifra de 200 o 300 individuos, designan a sus jefes, a los ayudantes de los jefes (en casos de extremo peligro), a los centinelas, los cuales tienen que vigilar constantemente cuando acampan más. ¡Asómbrense! Mantienen, cuando se desplazan de un lugar a otro, dos grupos especializados, uno de vanguardia, que va explorando el terreno para estar seguro que ningún peligro los acecha, y otro grupo de retaguardia, buscando que no los ataquen inesperadamente por detrás. Cuando son atacados se defienden furiosamente, y por defender a sus hijos o a sus hembras han hecho frente y peleado, en muchas ocasiones, con leopardos y otros peligrosos enemigos a riesgo de sus vidas.

Son muy beneficiosos para el hombre, ya que mayormente se alimentan de insectos, eliminando muchas plagas, como las plagas de *"cicadas"* y *"attelabus-nitens"*, las cuales pueden acabar con las cosechas. Pero en África, especialmente, sus beneficios han sido incalculables debido a las grandes plagas del *"locusts del desierto"* las cuales han devastado grandes regiones, y los babunes han sido un factor decisivo para mantener controlados a estos insectos dañinos; también comen frutas, hojas, huevos, etc. La familia es el núcleo principal de la sociedad en que viven estos cuadrúmanos y las madres son muy atentas y cariñosas con sus proles. Su peso puede variar desde treinta libras hasta alrededor de las noventa, los machos son mucho más grandes que las hembras, y en caso de que los padres mueran, los hijos son adoptados por otras familias que los protegen y terminan de criar.

¿Y quién defenderá al babún? (mandril)

Después de considerar que un babún es un ser con sentimientos que vive, lucha, ama, sufre y muere como nosotros, y cuya vida, además de importarle a él mismo, también le importa a sus padres que lo aman, llegando a sacrificar sus vidas por defenderlo, tenemos que llegar a la conclusión que lo que diferencia principalmente a un primate de otro primate es la inteligencia. Y considerando que nosotros también pertenecemos a la especie de los primates, y que entre nosotros también existen muchos que no sobresalen por su inteligencia, e inclusive el nivel de los retrasados mentales va en aumento debido a nuestros vicios y enfermedades, tenemos por ética, que llegar a la conclusión que no tenemos el derecho de asesinar al babún, o a algún otro primate, por el sólo hecho de estarlo haciendo por el interés del primate-*homo-sapiens* (humanos), ya que el único derecho que estamos ejercitando es el derecho de nuestras armas e inteligencia. Así actuamos con los llamados "salvajes" en tiempos anteriores, los que después convertimos en nuestros anteriores, y hoy día, cuando podemos comprender en su totalidad el error tan grande que cometimos con el resto de los primates, nos sucederá lo mismo, ya los estamos extinguiendo, los haremos desaparecer de la faz de la tierra antes de que hayamos tenido tiempo de rectificar nuestros errores.

Ya les hemos quitado la libertad, las tierras y la tranquilidad, por favor, no le arranquemos el corazón.

¿Qué debemos hacer cuando una persona necesite un corazón?

El Doctor Aldo Castañeda, famoso cirujano del *Boston Children's Hospital*, dijo que más de 15 de sus pacientes (todos niños) se han salvado mediante operaciones del corazón y no de trasplantes. Pero cuando los humanos llegamos a adultos, nuestros corazones son más débiles y en muchos casos necesitamos del trasplante de corazón, pero estos trasplantes deben ser hechos de órganos provenientes de nuestra misma especie, ya que nuestros cuerpos rechazan injertos de otros animales. Los corazones humanos escasean debido a esto, y teniendo frente a mí la noticia de un hecho acaecido este sábado pasado, día 27 de octubre, voy a hacer una proposición. La noticia dice así:

Lewiston, Maine, U S.A. Cynthia Palmer, de 29 años de edad, y el amigo que vivía con ella, John Lane, de 36, han sido acusados de asesinar a la hija de ella, la pequeña Ángela Palmer, de cuatro años, metiéndola a la fuerza en el homo eléctrico del apartamento donde vivían. Los vecinos que llamaron a la policía dijeron que primero notaron un fuerte olor a pelo y carne quemada, y después vieron humo saliendo por la ventana del apartamento, por lo cual notificaron a los bomberos y a la policía. Cuando la policía tumbó la puerta encontraron humo en el apartamento, una silla apuntalando la puerta del horno (para que no pudiera ser empujada desde adentro) y allí, el cuerpo achicharrado de la pequeña Ángela. Otro vecino declaró que había oído a *"Sweetpea"* (apodo por el que conocían a la niña, que irónicamente es el nombre de una enredadera que da una fragante flor) gritando ¡Déjame salir de aquí, papá… déjame salir!… Después, silencio… pero nunca se le hubiera ocurrido pensar lo que estaba sucediendo, o que la niña estuviera en peligro. *Sweetpea* debió haber sufrido mucho. A la fragante florecita no le dieron oportunidad de abrirse.

Mi proposición

Saquémosle el corazón a estos horribles animales "humanos" utilicémoslo para salvar otras vidas.

La ley del más fuerte

Fue aplicada en épocas pasadas a los prisioneros de las guerras, se la aplicaron en época de la esclavitud a los negros e indios, se la aplicaron los turcos, a los armenios tratando de asesinarlos a todos sin misericordia e impunemente. Hitler les aplicó la ley a los judíos y los asesinaba sistemáticamente y por millones. Los japoneses utilizaban a los chinos para hacer pruebas de laboratorios, y al fin mataron a todos los prisioneros de estas pruebas para que no quedaran testigos. Les aplicaron una ley, una sola, **La Ley del Más Fuerte.**

Nuestros conocimientos científicos no han hecho de este mundo, un mundo mejor. No hemos mejorado nuestra moral ni nuestros principios, todo lo contrario. Este es un mundo en decadencia espiritual, los científicos que inventaron la bomba atómica fracasaron, ya que este no es un mundo mejor después de este invento, un mundo más temeroso, sí. Los que han inventado las armas nucleares han fracasado por el mismo concepto; la inmoralidad y el desenfreno hacen presa de los que en otro tiempo considerábamos más puros, o quizás, quise decir, menos impuros. Llevamos cientos de años torturando despiadadamente a millones de animales en los laboratorios para (según los científicos) mejorar nuestras vidas, pero yo me pregunto: ¿han mejorado nuestra moral?, ¿han aumentado el amor? La respuesta es un rotundo NO, no lo han mejorado, quizás hoy vivamos un poco más, pero, ¿a costa de qué? De la desintegración de la familia.

Quizás algún día nos traigan aquí al líder dictatorial del Soviet Supremo, cualquiera que sea su nombre, para que le salvemos la vida; o a cualquier otro tirano o líder que revestido de gobernante, haya asumido un lugar preponderante a escala mundial. No importa a cuántas personas hayan asesinado, sería un "golpe magistral de la política internacional". Científicamente también sería un éxito, pero, ¿sería este un mundo mejor a causa de aquello? No, no y mil veces no. Este mundo sería mejor, si al mismo tiempo que la ciencia mejorara, nuestra moral incrementara nuestro Amor. El realizar horrendas pruebas científicas con los animales no hace a este mundo mejor, sino peor, ya que seguimos aplicando la Ley del Más Fuerte a otros seres inocentes, que quieren y tienen el derecho a vivir.

La evolución del hombre debe realizarse a través del aumento de su sensibilidad, del mejoramiento de su espíritu, de la aplicación de la moral, del respeto a la vida ajena y de su capacidad para amar. La muerte es inevitable, y el coger el camino de demorarla por un corto tiempo, utilizando las abominables prácticas de crueldad y de ensañamiento con los animales es, ni más ni menos, una regresión moral al principio de la fuerza aplicada a los más indefensos.

Los animales tienen una inteligencia limitada, es cierto, pero al mismo tiempo, Dios les ha dado una conciencia igual que al hombre, que diferencia lo *Bueno* de lo *Malo*, por ejemplo, los perros no conducen sus vidas mordiendo a todos los extraños, ni los gatos arañando, ni los pájaros atacando a picotazos. No, ellos conducen sus vidas ejercitando al mínimo sus actos agresivos y/o defensivos, o sea, ejercitando el bien, restringiéndose en sus actos malévolos conscientemente, acatando las leyes de Dios y de la naturaleza, evitando la maldad. El hombre, en cambio, que posee una inteligencia muy superior, sabe una definición exacta en su conciencia de la diferencia entre el bien y el mal, una realidad espiritual que persigue a través de las diferentes regiones. Sin embargo, escoge en muchas ocasiones el camino de la maldad. *La esencia del hombre debe engrandecerse a través de la Moral, el Amor y la Compasión.*

Los animales son seres inocentes que tienen derecho a la vida y nosotros, que no somos inocentes, tenemos que comprenderlo y aceptarlo. Las Leyes de Dios y de la Naturaleza son inflexibles. El daño y la impiedad que les causamos a los animales, y aceptamos en silencio, es una mancha bochornosa y universal que llevaremos en nuestras frentes a la hora del Juicio Final.

Aún quedan más de cien personas buenas

Al día siguiente de una convención efectuada en la Ciudad de Atlanta, Georgia, en los Estados Unidos, visitando un comercio en Houston, Texas, me encontré con una persona legendaria ya en vida por su bondad, sus obras y sabiduría. Estoy refiriéndome al conocidísimo "Padre Testé". Estuvimos conversando de varios temas de interés general y especialmente de la decadencia moral, y fue a él a quien se le ocurrió la frase: "Aún quedan más de cien personas buenas". Claro, más de cien personas buenas pueden ser muchos, miles, millones, pero el hecho que venga a su mente esa frase es una declaración precisa de que van quedando menos, muchas menos personas buenas, a pesar de que la población va en aumento. Cuando le mencioné la profundidad de su frase me citó el pedazo de historia bíblica, cuando Dios, conversando con Abrahán le estaba diciendo *"El clamor de Sodoma y Gomorra aumenta más y más, y la gravedad de su pecado ha subido hasta lo sumo"* (Gen: 18-20), a lo que Abrahán le preguntó: "¿Por ventura destruirías al justo con el impío?" a lo que Dios le respondió: "Si yo hallare en medio de la ciudad de Sodoma cincuenta justos, perdonaré a todo el pueblo por amor de ellos" (Gen: 18-26), Abrahán continuó haciéndole preguntas a Dios y rebajando el número de personas de 50 a 45, después a 30, 20, y más adelante le preguntó otra vez: "¿Y si hallaren diez?" (Gen: 18-32). Después, todos saben lo que sucedió, lo cuenta la Biblia, Génesis: 19-24. "Entonces el Señor llovió del cielo sobre Sodoma y Gomorra azufre y fuego, por virtud del Señor". Habían quedado menos de diez personas buenas, y por lo tanto había ordenado la destrucción de las ciudades. Pensé por un momento todo lo que el Padre Testé me contaba, le pasé el brazo sobre sus hombros, todavía fuertes y erguidos y le conté mis experiencias y de lo que fui testigo en mi visita a Atlanta: miles de personas pisoteando la moral y las buenas costumbres, la borrachera y la guía desbocada. Nada constructivo para la humanidad se lograba, cientos de personas acomodadas y supuestamente respetables averiguando donde se servían los tragos gratis para continuar entorpeciéndose los sentidos y disfrutando de placeres obscenos. Allí conocí también a unas pocas personas buenas, que amaban a la naturaleza, y sabían disfrutar de una buena conversación sin consumir alcohol que les ofuscaba los sentidos. Sí, todavía quedan "más de cien personas buenas".

Pueblos Nómadas

Todos hemos leído en la historia los famosos pueblos nómadas de la antigüedad, y, ¿saben una cosa?, todavía continuamos siendo nómadas. Aquellos pueblos que deambulaban de sitio en sitio buscando comida y lugares mejores donde vivir lo hacían sencillamente porque la comida escaseaba y los desperdicios humanos aumentaban, y ellos no sabían qué hacer con ellos, abandonaban el lugar y la naturaleza se encargaba del resto; los frutos y hierbas comestibles renacían, y los desperdicios volvían a la tierra en un reciclaje natural. Y hoy día, ¿cuál es la diferencia? no mucha, en realidad, ya que en las grandes ciudades la comida abunda y no se acaba gracias a que la moderna transportación nos permite adquirir productos comestibles cultivados a miles de millas de distancia. Entonces, ¿estamos mejor? No, no precisamente, ya que aunque la avanzada tecnología de nuestra sociedad nos permite el reciclaje de nuestros desperdicios de una forma mucho más efectiva que en la antigüedad, todavía continuamos con el mismo problema, pero multiplicado. Ejemplo de ello es que después de usar nuestras grandes ciudades por cientos de años, las personas y familias de más recursos económicos las están abandonando debido a que el amontonamiento de personas está causando que el nivel de la calidad de vida en las mismas está descendiendo, y ahí quedan nuestras ciudades llenas de excremento y basura, para nuestros pobres. Al fin y al cabo, ¿qué es una ciudad, si no una postilla o costra de concreto sobre la llaga purulenta de nuestros desmanes y egoísmos? Lo que antes fue un bello hábitat para todos los seres creados por Dios, hoy son ciudades abandonadas a los que no pueden escapar de ellas.

¿Somos más inteligentes que los animales? No puedo contestar afirmativamente, ya que si por un lado hemos conquistado el azote de muchas enfermedades, por otro lado han surgido otras nuevas debido a nuestros vicios y abyecciones. Las drogas que es otra enfermedad, hace garra cada día más de nuestras juventudes, y en ciertos casos se extiende amenazadoramente sobre nuestra niñez, ya que son cientos de casos descubiertos de consumo de drogas en escuelas elementales y la gravedad del caso estriba en que no se puede culpar a un individuo o a un grupo de individuos de esta decadencia, no, ya que la causa principal radica en que hemos querido estar por encima de todo lo creado. Hemos querido controlar a la naturaleza y a sus criaturas para nuestro servicio. ¿Cómo podremos estar por encima de la naturaleza y los otros seres de la creación, si somos parte de ellos? Un Rey de la antigüedad podía abusar y asesinar a sus vasallos, pero esta acción no lo hacía mejor que ellos, al contrario, sólo demostraba con sus maltratos y sus asesinatos la bajeza de su espíritu, ya que mientras sus avasallados trabajaban y se ganaban el pan con el sudor de su frente, este mal llamado Rey recibía el fruto de una labor que no le pertenecía, Gen: 3-19. *"Mediante el sudor de tu rostro comerás el pan hasta que vuelvas a la tierra de que fuiste formado: puesto que polvo eres, y al polvo volverás".*

No somos mejores que los animales. Ellos, como nosotros, fueron creados por Dios. Ellos, los animales, quieren vivir, y nosotros los matamos por placer cuando vamos de cacería, por vanidad, cuando usamos sus pieles, o para diversión, cuando asistimos a peleas de gallos, corridas de toros o cualquier otro espectáculo donde disfrutamos de los sufrimientos de ellos. ¿Es eso civilización? ¿O es que el barbarismo nunca lo hemos arrancado de nuestros corazones? El secreto de la felicidad no puede tener su raíz en la capacidad económica o el poder de destrucción, el secreto de la felicidad debe enraizarse en el espíritu de las personas buenas, y a ese fin debemos dirigirnos.

Las personas buenas pueden ser ricas o pobres, inteligentes o brutas, hábiles o desmañadas, pero su condición de bondad las hace merecedoras del respeto de sus semejantes. Las personas buenas se pueden equivocar pero siempre con la bondad en sus corazones, no matan por placer ni sienten alegría ante el sufrimiento de otro ser viviente aunque este ser viviente no pertenezca al género humano. En Cuba había un refrán que decía, *"El que siembra vientos, recoge tempestades"* y la Biblia, en la Epístola a los Gálatas, en Capítulos cuarto y versículo ocho, dice: *"Así es que lo que un hombre sembrare, eso recogerá"* y continuando en el versículo nueve, dice: *"No nos cansemos pues, de hacer el bien, porque si perseveramos, a su tiempo recogeremos el fruto"* y esto, amigo lector, incluye a los animales, ¡Hagamos algo todos los días para mitigar sus sufrimientos!

Las fieras-bípedas

Chicago. Diez empleados de esta ciudad, encargados de la recogida de perros callejeros han sido detenidos por la policía por robarse perros y gatos (con dueños) para venderlos a los laboratorios de investigaciones pseudocientíficas donde serían torturados. En muchas ocasiones los perros y gatos fueron capturados dentro del patio de sus casas. Mr. James Maurer, Director de la Oficina de Investigaciones Municipales, explicó que estas detenciones son la culminación de cuatro meses de investigación. Estos casos de robos de animales domésticos para venderlos a Universidades y Centros de Pruebas, donde estas infelices criaturas serán despedazadas y obligadas a ingerir ácidos hasta que pierdan la vida en medio de horribles sufrimientos; es muy posible que esto esté ocurriendo en todas las ciudades de los Estados Unidos, y aunque estos actos criminales no sean llevados a efecto por empleados del municipio, el resultado sería el mismo. Así que por favor, cuide a sus animalitos, protéjalos, ellos lo necesitan, porque las verdaderas fieras bípedas andan sueltas.

Otra más

Philadelphia. En la Corte Municipal de esta ciudad, el Juez J. Earl Simmons condenó a Charles Dukes, de veinte años de edad (otra de las fieras bípedas) a dos años de cárcel por crueldad con los animales. Uno de los testigos del caso, Paul Grant, (otro delincuente) declaró que el degenerado de Charles Dukes le daba lejía a los animales envuelta en diferentes tipos de comida, y no era porque estos animalitos lo hubieran mordido, no, la razón era simple y llanamente que a él lo divertía ver como los animales sufrían dando gritos de dolor cuando el corrosivo liquido les quemaba las entrañas. Seis dueños de perros atestiguaron contra él. A su cómplice, Paul Grant lo condenaron a libertad condicional. Lo que se merecía.

CAPÍTULO 2

La Reina de los Mares
a punto de desaparecer

Tragedia

Con un hijo en sus entrañas, cerca ya a los nueve meses de embarazo, y sabiéndose perseguida por sus enemigos implacables, crueles, insensibles a su dolor; su fiel compañero de toda la vida asesinado hace sólo dos días, buscando desesperadamente un lugar tranquilo donde reposar, extenuada ya, se detiene, toma una bocanada de aire fresco y calcula con esperanza la distancia que la separa del único y secreto lugar en que ella sabe podrá sentirse protegida, y quizás hallará también una compañera que la ayude a la hora del alumbramiento.

Al Fin - ¿Sin Fin?

Después de una cadena interminable de años luchando por lograr un alto en el asesinato inmisericordioso del noble e inteligente ser que habita nuestros mares, la ballena, en julio del año pasado (1982), los millones de personas que alrededor del mundo han unido sus ruegos a favor de La Reina de los Mares, La Ballena Azul , lograron un sonado triunfo cuando al fin la Comisión Internacional Ballenera (IWC), declaró que a partir del año 1985-86 quedará totalmente abolida esta infame y cruel práctica de genocidio contra estos indefensos y pacíficos moradores de nuestros océanos.

Pero aún queda mucho por hacer. Cuatro países han presentado objeciones que pueden poner en peligro la vida y existencia de estos gentiles mamíferos. Japón, Rusia, Noruega y Perú son los cuatro países que están demostrando una insensibilidad absoluta ante la tragedia que se aproxima, ya que la Comisión Internacional Ballenera ha demostrado hasta la saciedad, con científicos autorizados (inclusive por estos cuatro países antes mencionados), que a las ballenas les queda muy poco tiempo de vida a no ser que esta matanza se detenga lo más rápidamente posible. Para algunas ballenas, quizás sea ya demasiado tarde.

Solamente en el año 1982, se asesinaron más de doce mil ballenas. Actualmente existe una campaña a nivel mundial tratando de hacerle ver a estas cuatro naciones, Perú, Rusia, Noruega y Japón, la insensibilidad y crueldad que conlleva el crimen que existe en el asesinato a mansalva de las ballenas, otros seres vivientes e inteligentes además de nosotros, que habitan nuestro planeta.

Esperemos que las ballenas puedan vivir sin ser exterminadas, que puedan vivir y disfrutar en paz de su existencia.

Tragedia en el mar

Nuestro pequeño relato en la portada bajo el título de "Tragedia" se adapta, aunque parezca increíble a una triste realidad, porque **LA REINA DE LOS MARES ESTA A PUNTO DE DESAPARECER.**

Al fin, después de un largo viaje hacia el sur, nuestra aterrada y triste ballena llega al lugar conocido por ella, tranquilo, no muy profundo. Para su sosiego, hay muchas otras ballenas en la pequeña y solitaria bahía. Una de ellas la ayudará en el parto.

Las ballenas, de las familias de los cetáceos, no son peces, son mamíferos de sangre caliente que viven en el mar.

Uno de los seres también creados por Dios, con una mente pensante encerrada en un cuerpo sin manos, más grande que los dinosaurios y los brontosaurios de la antigüedad. La ballena azul, por ejemplo, llega a tener hasta 100 pies de largo, y su peso puede alcanzar hasta 200 toneladas, o lo que es lo mismo 400 mil libras (el peso promedio de 130 automóviles). Actualmente estos majestuosos colosos de los mares, se preguntarán a sí mismos, ¿qué pecado hemos cometido para vernos como nos vemos a punto de ser exterminados por completo? Sólo quedan de 10 a 13 mil ballenas azules en el mundo entero, o sea, solamente un 5 por ciento de lo que se supone en una época existió, y aún se desconoce si su número tan reducido o diezmado por la matanza excesiva les dará oportunidad a encontrarse y procrearse en número suficiente para evitar que lleguen a ser sólo un recuerdo de una inteligencia que una vez habitó los océanos y los mares.

Muy a menudo un barco ballenero arponea sin misericordia a una ballena sabiendo que sus compañeros no la abandonarán. De esta forma podrán a mansalva asesinar a dos o más de ellas sin moverse del lugar donde mantendrán a la ballena herida, pidiendo ayuda y desangrándose el mayor tiempo posible. Hay veces que utilizando este cruel ardid han logrado matar hasta ocho ballenas, que han estado tratando de ayudarse mutuamente. En el caso anterior descrito, nuestra ballena, después de comprobar lo inútil de su esfuerzo de ayudar a su compañero, y habiendo escapado ella misma de un disparo del arpón, comprende la gravedad de la situación, sus instintos maternales la hacen huir, huir despavorida.

Hay ballenas en que el tiempo de la preñez es diez meses, en otras, como la ballena azul, es de 15 o 16 meses.

A la hora del alumbramiento, la ballena, como los humanos, necesita ayuda. Los hijos, a diferencia de los mamíferos terrestres nacen saliendo primero el cuerpo, de manera que no se ahoguen, siempre otra ballena hembra la asiste a la hora del parto. Si hay problemas ellas ayudan en la extracción de la criatura. Tan pronto como nacen, la ballena madrina y partera se coloca debajo del recién nacido y lo saca a la superficie para que respire inmediatamente, y allí lo sostiene hasta que el recién nacido respire. Tan pronto como la madre se repone, a los pocos minutos comienzan entre las dos a enseñar al bebito a sumergirse y respirar, y los peligros de sumergirse demasiado mientras no tenga los pulmones preparados para tal natural pero delicada operación.

Estas criaturas al nacer pueden tener de 20m a 27 pies de largo y pueden pesar unas 6 mil libras. Mayores al nacer que un elefante, estos "bebitos" son alimentados por 12 meses de la leche materna. Hay indicaciones que la madrina, o sea las ballenas que han ayudado en el alumbramiento, continúan unidos al mismo por lazos emocionales y prácticos por el resto de sus vidas, como una verdadera madrina.

Son animales migratorios de acuerdo a la temperatura y a las necesidades alimenticias. La naturaleza ha dotado a la ballena de una especie de "Sonar" (parecido al radar, pero más sofisticado) y es el medio que utilizan para su orientación y guía. Ellas pueden precisar un objeto en el mar mucho antes de verlo, calcular el tamaño del mismo y la velocidad de desplazamiento.

A pesar de esto, no pueden defenderse de los hombres y naciones (especialmente Rusia y Japón) que se dedican a exterminarlas por motivos comerciales. Ellos van equipados de flotillas de barcos modernos, armados con un cañón que dispara el terrible arpón, del cual no tienen escapatoria. En algunas ocasiones utilizan inclusive

Celso Alonso

helicópteros para la localización de las ballenas cuando salen a respirar. La ironía de esta triste situación es que la materia prima extraída de las ballenas, puede ser substituida, toda, sintéticamente, lo que hace todavía enormemente más repugnante esta matanza sin misericordia de estas inteligentes criaturas.

Otra nota interesante es que los bebitos de las ballenas no saben nadar, y las madres tienen que llevarlos cargados, al principio, todo el tiempo o, flotando, ellas los sostienen con las aletas dorsales. Este es otros de los motivos por los que siempre escogen aguas de poca profundidad cuando van a parir.

Muchas veces los humanos soñamos con formas de vida en otros planetas, o los científicos se asombran con un rastro de que en alguna época existió tal, o más cual animal, o la lejana posibilidad de algún micro-organismo en Marte o Júpiter. Entonces, cómo es posible que en este divino planeta tierra, que el Creador nos esté permitiendo utilizar, destruir vidas y más aún, cómo podemos tener la esperanza de que El Creador nos deje disfrutar otra vida más allá de la muerte, cuando no hemos sabido respetar el derecho de existencia de otros seres pacíficos e inteligente cuya única aspiración es vivir en paz. Tenemos el deber moral y espiritual de hacer oír nuestras voces en defensa de los animales.

Salvemos a los Gorilas

Muchas especies animales están a punto de desaparecer.

El hombre, según algunos científicos, pertenece a la catarrina familia de los monos. Y aunque es el más inteligente de todos los animales, resulta también el más cruel, y está amenazando acabar con otras especies, lo que ha motivado que se creen distintas organizaciones dispuestas a defender el derecho a la vida de todos los seres vivientes.

Esta tarea es larga y controversial, y con éste iniciamos una serie de trabajos en los que analizaremos someramente las relaciones del hombre con otros animales que habitan en esta nave espacial llamada planeta tierra.

Y nos proponemos poner a la luz pública estas cuestiones: ¿Por qué el hombre es tan cruel con los otros seres vivientes? ¿Por qué se torturan a los animales en innecesarios experimentos científicos?

La caza y la pesca, como medio de procurar alimento a la población humana, son aceptables, lamentablemente. Pero se puede eliminar toda crueldad y nosotros nos oponemos, decididamente al asesinato de los animales como deporte.

El hombre se plantea la necesidad de comer carne "y devora millones de cadáveres de aves, vacas, puercos etc.", pero otros hombres viven perfectamente haciendo vida vegetariana.

El famoso dramaturgo irlandés George Bernard Shaw era vegetariano total y vivió 96 años llenos de vitalidad, sin comer jamás carne. Algunas de las especies más fuertes de la vida animal, el toro, el gorila, etc., son vegetarianas. Algunas autoridades afirman que el ser humano no está hecho para comer carne, pero éste es otro tema que trataremos en su oportunidad. Por ahora, vamos a desarrollar en sucesivos trabajos nuestras ideas para conservar la vida de los animales útiles.

Por eso dedicamos este reportaje a los Gorilas, porque están a punto de desaparecer, y porque el único Gorila macho existente en Houston, hasta donde nosotros sabemos, ha muerto. Nos referiremos a Jeje.

El Gorila del zoológico de Houston, junto a su compañera "tal vez se amaban" Vainilla, hacía las delicias de los niños y mayores que visitaban el Zoo Houstoniano. Pero no obstante su fortaleza física, a sus brazos poderosos y a su impresionante peso de 425 libras y estando en plena juventud (apenas tenía 11 años de edad), Jeje murió de una infección renal.

Datos generales sobre los Gorilas

Son vegetarianos, pacíficos y no atacan a no ser que se sientan agredidos. Viajan en grupos de 2 a 30 individuos, siendo un macho adulto el que hace las decisiones, habitan las selvas tupidas y las montañas. El hábitat del gorila es de unas 15 millas cuadradas.

La preñez de la Gorila dura de ocho a nueve meses y los bebitos nacen pesando de 3 a 5 libras. Nacen sin poder valerse por sí mismos, pero después de los tres meses viajan sin ser cargados.

Se consideran adultos jóvenes cuando la hembra llega a los siete años y el macho a los diez. Esta niñez tan larga les permite desarrollar una mayor inteligencia que la mayoría de los animales.

En la actualidad se están llevando a cabo estudios que comprueban la inteligencia y la conducta de los gorilas. Dichos estudios han sorprendido a los investigadores que han descubierto que los gorilas tienen un coeficiente de inteligencia mucho más alto de lo que se pensaba, y que son mucho más pacíficos y cariñosos que la mayoría de las personas.

El gorila cuida sus pequeños con ahínco y los defiende arriesgando su vida si es necesario.

Generalmente el gorila permanece junto a su madre hasta los tres años, después de los cuales se mantiene en el grupo, pero se las arregla por sí mismo.

A los cinco meses ya camina pero, malcriado al fin, hasta los tres años le gusta que la madre lo cargue y prefiere ir cargado a caminar hasta que la madre lo desteta.

Los gorilas no se conocían hasta la mitad del siglo XVIII, cuando el hombre blanco penetró los misterios del continente negro. El primer gorila fue descubierto en el año 1847.

Hasta 1911 no se consiguió traer uno a los zoológicos de los Estados Unidos. Hasta 1956 no se logró que naciera uno en cautiverio. El primero fue Colo, que vino al mundo en el Parque Zoológico de Columbus, Ohio.

No se sabe con exactitud los años que vive un gorila cuando está en libertad, pero un gorila macho, Bamboo, que vivía en el Zoológico de Philadelphia alcanzó la edad de 34 años, edad respetable si sabemos que el promedio de vida del ser humano era de apenas 40 años a principios de siglo XX.

El más famoso de todos los gorilas fue Bushman, del Parque Zoológico de Chicago. El niño alcanzó una estatura de 6 pies y dos pulgadas, y llegó a pesar 550 libras. Busham murió en 1951 y su cuerpo embalsamado se conserva y se exhibe en el *Museo de Historia Natural de New York*.

Actualmente los gorilas están en peligro de desaparecer de la faz de la tierra, debido a que cazadores sin escrúpulos los asesinan para vender sus cabezas como trofeos. Por esta razón se han fundado varias organizaciones que están tratando desesperadamente de salvarlos de la extinción.

Si nuestros lectores se interesan por más información y quieren ayudar a estos nobles seres vivientes, pueden escribir a Celso Alonso, P.O. Box 35693, Houston, Texas 77235, y con mucho gusto les daremos la información que necesiten para que puedan unirse a la campaña de salvación para evitar que continúe la matanza de estos y otros animales que son criaturas de la naturaleza, con derecho a que sus vidas sean respetadas.

Los Cerdos
¿Tendríamos el valor de pensar en ellos al ingerirlos?

Comprobado está, los cerdos son unos animales inteligentísimos. Se asegura que son más inteligentes que los perros y los gatos, y nosotros es bien conocemos la inteligencia de nuestros animales domésticos. También son cariñosos y fieles, prueba de ellos fue el caso que ocurrió hace poco en este país, donde una niña pequeña que había criado a un cerdito con mimos y cariño, pudo comprobar los sentimientos del animalito cuando la niña inadvertidamente resbaló y cayó en la piscina de su casa, en la parte más profunda de la misma. Ella no sabía nadar y sus gritos aterrados atrajeron la atención del puerquito que, saltando al agua, nadó hasta donde estaba la pequeña que se agarró a él, y aunque la niña pesaba mucho más que el cerdito, éste logró nadar hasta el lugar donde la pequeña pudo pararse y así salvar la vida de su dueña. Aquí en Texas hay personas que usan a los puercos para cuidar el patio de sus casas, y esto lo hacen de mil maravillas. No creo que haya muchas personas que se atrevan a enfrentarse a un cerdo de 400, 600 o más libras que nos viene a atacar defendiendo lo que estima su propiedad. Son, les aseguro, muy efectivos pero, por desgracia, muy pocas personas piensan en los cerdos como animales que sufren y piensan, y solo los consideran de valor cuando se los están comiendo. Es una lástima que los hayamos condenado sin haberlos conocido más profundamente. A continuación, un extracto y traducción de un pequeño artículo que salió publicado en *National Geographic*, escrito por Kent Britt. En números venideros de la revista *Crítica*, ampliaré mi explicación sobre este tema.

Algunos científicos aseguran que los cerdos, a diferencia de los demás animales domésticos, solucionan sus problemas pensando, y los porcinólogos informan que se les puede enseñar ya. En efecto, se les ha enseñado casi cualquier gracia de esas que aprenden los perros, y de ordinario las aprenden en menos tiempo. Llegan a ser aseados más fácilmente que un perrito, aprenden pronto a traer y cobrar una pieza de caza, a tirar de una carreta, a bailar y hasta a descubrir por el olfato minas explosivas en un campo de batalla.

Hubo en Inglaterra una puerca que, por pura observación, asimiló el arte de los perros de muestra, e incluso los superó en destreza. Y en Estados Unidos, algún pícaro adiestró a una cerda para que vigilara un sembrado clandestino de marihuana, y el animal mordió a dos representantes de la justicia antes que lograran dominarlo.

Mi marranito consentido, Fido, aprendió fácilmente a descorrer el cerrojo que yo había puesto en una gaveta de la cocina, con la vana ilusión de proteger mi despensa de sus periódicas depredaciones.

Sí, soy un admirador de los cerdos. Desde hace años vengo refiriendo a mis amigos casos notables que dejan ver la inteligencia, el aseo y el encanto del *Sus scrofa*, y me erizo de indignación cuando alguien los fustiga.

Los puercos, en general, sólo temen al hombre, y aún entonces su actitud es más de cautela que de miedo. Les encanta estar cerca de la gente, sobre todo si uno les habla y los rasca. Casi siempre toleran a los animales cuadrúpedos, mientras que detestan a los que carecen de patas. Un granjero me decía: "*Los cerdos se comen a las culebras como si fueran espagueti. Para proteger a mi ganado tengo dos cerca del bebedero, pues varias vacas han sufrido allí picaduras de serpiente. Ni siquiera las víboras venenosas pueden hacer daño al cerdo*". La ciencia corrobora esta opinión. Por lo regular, la gruesa capa de grasa que tiene el animal neutraliza el veneno o le impide alcanzar el torrente sanguíneo.

Naturalmente, estos reptiles son apenas uno de los manjares que el puerco devorara si se le presenta la oportunidad. La universalidad de sus gustos es tal vez lo que ha originado uno de los conceptos más errados acerca de los cerdos.

"¿Comer como un puerco?" ¡Pamplinas! Si los humanos comiéramos como ellos, quizá gozaríamos de mejor salud. Jamás, aun cuando dispongan de una cantidad ilimitada de comida, se propasan. Tampoco tragan entero, sino que mastican los alimentos, los saborean y, antes de tomarlos, los revuelven con el hocico para liberar el aroma. Gozan con la comida.

Fido no es un cerdo ordinario. Es un *Sinclair* miniatura con expectativa de vida de 15 a 20 años. Pertenece a una de las razas de tamaño reducido que se han criado para fines de investigación científica.

El puerco doméstico adulto puede llegar a pesar más de 350 kilos, pero Fido, ya en su edad madura, apenas llega a 102.

Su indulgente compañero humano le ha puesto un comedero y un bebedero automáticos, un portillo para entrar a la casa de la familia (hasta que ya no cupo) y dos casas, una de plexiglás para captar el sol de invierno y para el verano dispone de una pequeña piscina, la Bahía de Cochinos, instalada dentro de una plataforma de madera.

La Bahía es indispensable pues, dada la ineficacia de las glándulas sudoríparas del puerco, este busca cómo puede un alivio a los calores excesivos. Para otros, menos afortunados que Fido, la solución es una charca de barro. No obstante, la tan poco feliz expresión de "sucio como un marrano" es una necedad, ya que los cerdos se cuentan entre los animales domésticos más limpios.

No estoy diciendo que no les atraiga la tierra; su trompa se hizo para hocicar los secretos del suelo, y su instinto de hozar es indestructible. En la región del Périgord, en Francia, donde se crían las mejores trufas negras del mundo que luego se venden en el mercado a 400 dólares el kilo, los campesinos se valen de los puercos para descubrir por el olfato los codiciados hongos (el hocico cartilaginoso del animal, cubierto de diminutos poros y unos pocos pelos finos, permite descubrir desde seis metros de distancia una trufa que se encuentre a 25 centímetros de profundidad). En lugar de llamarles "sucios" se les podría calificar con más propiedad de "terrenales", pues es la madre tierra lo que adoran. *"La tierra parda y blanda que apenas empieza a secarse después de un aguacero, es para ellos tan embriagante como la nébeda para los gatos*", observa la porcinóloga Ida Mellen.

"¿Gordo como un cerdo?" En primer lugar, hoy la mayor parte de los cerdos se crían para satisfacer la demanda de puerco magro y, por consiguiente, no son en realidad tan gordos. En segundo lugar, si bien es cierto que los puercos alimentados *ad libitum* pueden volverse, digamos, rechonchos, su conformación física contribuye a su gloria. G.K. Chesterton, que tampoco era flaco, escribió: "*Las líneas de un cerdo (de un cerdo bien cebado), son de las más hermosas y elegantes en la naturaleza; el puerco tiene las mismas grandes curvas, rápidas y pesadas, del agua que se precipita o de la nube ondulante.*"

Los puercos comunican sus sentimientos mediante una serie de sonidos que los investigadores han registrado y clasificado. Unos gruñidos significan "¡cuidado!", "aquí estoy" y "ven a comer". Hay un gruñido de amenaza y otro, rítmico, de contento, que estas criaturas (que gozan del contacto) emiten cuando se rozan entre sí hombro con hombro y trompa con trompa. Su chillido de frustración parece una combinación del falsete del gallo, graznido del loro y aullido de un perro chihuahuense. También emiten una especie de lamento que parte el alma, y que emitió Fido horas enteras, cuando, al no caber por el portillo, tuvo que pasar la primera noche fuera de casa.

Gruñido de felicidad no emiten los cerdos. El suyo es únicamente de angustia, y puede alcanzar desde 100 hasta 115 decibelios, de modo que se alcanza a oír desde varias manzanas de distancia. Al reactor supersónico Concorde se le prohibió inicialmente el acceso a la Ciudad de Nueva York porque sus motores excedían 112 decibelios en el despegue.

Yo no creo en la reencarnación, pero para los que creen en ella va esta pregunta: Si Dios decidiera que usted reencarnara en un cerdo, ¿le gustaría ser tratado como un puerco? Piense en la respuesta mientras se lo come.

Donde habitan las águilas

Esta majestuosa pareja de águilas, representativas del alma indomable, son un espectáculo inolvidable. Las águilas se unen en pareja, y no se separan jamás, hasta que la muerte las separa. ¿No deberíamos aprender algo de ellas los humanos?

Lake Buchanan, Texas. Cuando tratamos de imaginarnos el hábitat de las águilas, a nuestra mente vienen las tierras altas y las montañas Rocallosas, el estado de Alaska, pero nunca las hemos imaginado en el estado de Texas. Para sorpresa de muchos turistas, la majestuosa figura de las águilas les deleita en este bello lago del Estado. Según el *Texas Parks & Wildfield Department*, alrededor de 400 águilas regresan a Texas todos los años en el invierno, donde les es más fácil sobrevivir en esta época. El lago Buchanan se encuentra situado al noroeste de la capital de Texas, Austin, y en los días fríos allí podemos admirar el ave que representa esta gran nación. Los turistas de todos los rincones del mundo acuden al lago para deleitarse con el panorama y tener la oportunidad de ver estas magníficas y orgullosas aves sin tener que sufrir los rigores de las tierras norteñas en el invierno. Las águilas "flotan" en las corrientes de aires que proceden del norte.

Comienzan a llegar a Texas en noviembre, y en la primavera, cuando los vientos empiezan a soplar procedentes del sureste, repiten la operación en dirección contraria; pilotos de líneas aéreas comerciales áreas han declarado que las han visto volando hasta los 34,000 pies de altura. Nadie puede olvidar la primera vez que ha visto un águila. Es un momento sublime. Para muchas personas el águila es algo irreal, solo para verse en películas o en sellos de correos.

Ver un águila es no olvidar jamás el valor de la salvaje belleza natural. Son muchas las personas que cuando ven un águila por primera vez en su ambiente natural, no en un zoológico, rompen a llorar, como si hubieran sido tocados por el espíritu de la naturaleza.

El águila representa a los hombres libres.

Los primates

Estos seres vivientes, amorosos y pacíficos, llamados primates, están siendo utilizados en la actualidad para horribles pruebas de laboratorios donde el sufrimiento y dolor causados en ellos es más profundo, inhumano y perverso, si consideramos que precisamente, por su parecido fisiológico y sicológico con el hombre son los escogidos con más frecuencia para ser martirizados, ignorando (por conveniencia económica) que existen alternativas las cuales dan magníficos resultados, probadas ya, que evitarían en un 85% el sufrimiento innecesario de estos seres.

La crueldad es patente desde el principio, ya que para capturarlos es necesario asesinar a la madre. De otra forma no soltarán a sus bebitos. Si se salvan de la caída, se aferran desesperadamente al cuerpo sin vida de la madre. Para comenzar, en el mayor de los casos, una vida, o mejor dicho una existencia (ya que no se le puede llamar vida a tanto sufrimiento) es peor y más dolorosa que lo que nuestra imaginación nos hace pensar del infierno, y así, bajo este mandato de nuestros propios quehaceres nos hemos convertido, no en el Dios creador y benigno, no, sino en el cruel, despiadado y detestable ser que habita en el infierno: Lucifer, con una diferencia, y es que la crueldad de todo aquel que coopera con ésta práctica es mayor. Si consideramos que al infierno van los pecadores, y a este infierno terrestre que los inhumanos hemos creado en los laboratorios para los animales, conducimos a seres inocentes, que no han pecado.

Con el permiso de los lectores, y con mucha discreción, ya que en mi corazón no está la idea ni el deseo de causarles amarguras, les describiré, muy superficialmente algunas de estas pruebas: en una de ellas, para medir hasta qué punto sicológicamente estos bebitos necesitan y quieren a sus madres, después que son separados del cuerpo inerte de ella, lo colocan sobre un aparato que ellos llaman "la madre puercoespín" o sea, un equipo metálico que se asemeja por su configuración (usan caretas y pieles para cubrirlo) a la madre del monito.

Este equipo metálico tiene unos agujeros por los cuales (cuando el laboratorista o verdugo aprieta el botón), salen unos pinchos que se clavan en el cuerpo del bebito, el cual, por su corta edad, desconcertado, se abraza dando gritos, a lo que él cree ser, el cuerpo de la madre. Miles y miles son los instrumentos de tortura ideados por los laboratoristas. En otra de las pruebas, los hacen caminar por una plancha metálica que está en movimiento por horas y horas sin parar. Cuando se detienen, reciben un shock eléctrico, que los obliga a continuar.

Al pasar unos días, los monitos han aprendido a descansar por unos segundos, sufriendo el shock eléctrico y continuando después. Entonces, bajo estas condiciones, lo transportan a otra habitación donde recibirán dosis letales de radiación que los debilitará enormemente, y así, más débiles, los conducen de nuevo a la plancha metálica de caminaje, donde poco a poco, irán sucumbiendo bajo los efectos de la radiación y el shock eléctrico, hasta que vencidos, cuerpo y espíritu, se dejarán caer, aceptando la muerte como única escapatoria a sus martirios. Y todo esto, ¿para qué? pues para probar los efectos en el hombre, en caso de una guerra nuclear. No para salvar vidas, no, al contrario, para exterminarlas. Los rusos, los chinos y los norteamericanos, son los culpables de este barbarismo, y todo aquél, incluyendo aquéllos que en los países Centro y Sur Americanos cooperen en la captura y/o exportación de estos infelices seres del medio natural en que se desenvuelven.

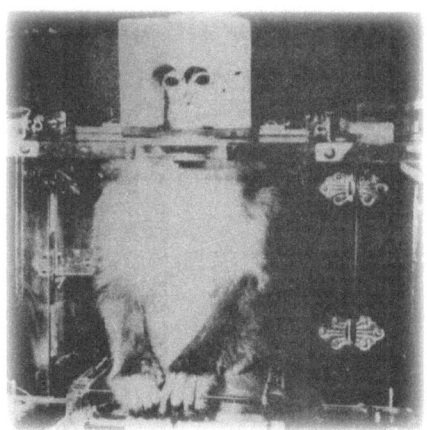

Brooks Air Force, San Antonio, Texas. En esta foto podemos observar a este infeliz mono, con la cabeza completamente inmovilizada, donde está siendo preparado para un experimento donde le quemarán los ojos con rayos laser.

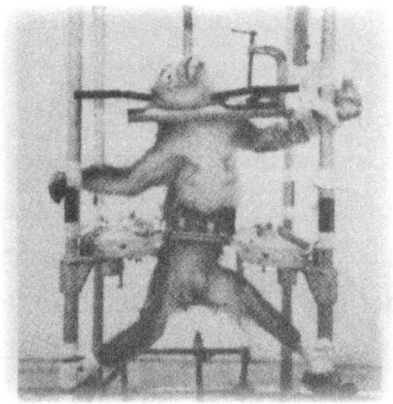

Fíjense bien en su rostro. El dolor y la desesperanza retratados en sus ojos, cuando fue rescatado de un laboratorio (donde se hacían ricos a espensas del dolor) era ya demasiado tarde. No pudo ser salvado.

¿Quién puede dudar de sus sentimientos humanos?

Definición de Primate: Miembro de la clase más adelantada de animales; el nombre "primate" viene del latín *"primus"* que significa, primero. El orden de los primates incluye al hombre *(homo-sapiens)* así como también a los antropoides.

Los más parecidos al hombre son los gorilas, chimpancés y orangutanes, los cuales tienen las mismas características del hombre: nervios, huesos, órganos y músculos. Incluídos también en el orden de los primates, se encuentran los babúns o *baboons* y cientos de otras clases, conocidas comúnmente bajo el nombre de monos.

Los primates tienen un cerebro relativamente grande, en vez de garras tienen uñas, cuidan de sus hijos y los defienden, arriesgando si es necesario sus propias vidas (esto último bien probado y documentado) mostrando en esta forma su capacidad de sacrificio óptimo (acción comúnmente denominada por el humano como Amor).

La mamá gorila observa con atención al fotógrafo,
mientras atenta, amorosa y protectiva, le pasa el
brazo por sobre los hombros a su hijito, que a su vez,
se siente seguro con ella
(Primates del orden de los Gorilas)

Beau, Captain y Martha
¿Murieron ellos en vano?

Eran tres monitos Rhesus que fueron torturados hasta lo indecible. Llegó a tal punto el dolor
que sufrían que comenzaron a mutilarse ellos mismos, tratando de suicidarse como única forma de
escape. Pero este caso no es único, esto sucede
miles de veces en los laboratorios y universidades
medicas de la nación, es un verdadero bochorno
de la raza humana, que de humana, no tiene nada.

Este otro infeliz ser viviente también murió después de horribles torturas. En nombre de todas, o cualquier religión, esto tenemos que detenerlo.

¿Podrás perdonarnos, hermano oso?

Cuando los primeros pobladores ingleses llegaron y fundaron, en el año 1607, el primer poblado en la América del Norte, en Jamestown, Virginia, y más tarde, a la llegada de los Puritanos a bordo del "Mayflower" en lo que es hoy la Nueva Inglaterra, en el año 1620, se inició un proceso de colonización, conquista y enriquecimiento en el cual se cometieron muchos abusos en nombre del progreso los cuales, poco a poco, han ido desapareciendo gracias al razonamiento y a la justicia.

Aquellos colonizadores encontraron a su paso hombres y animales, que unos y otros, eran un estorbo para sus ambiciosos planes. A los hombres se les persiguió sin piedad hasta un punto menos que el genocidio y se les desterró a lugares inhóspitos para que meramente sobrevivieran. Poco a poco se les han ido reconociendo sus derechos. A los animales se les sigue exterminando sin piedad. A continuación, un breve relato de lo que está sucediendo actualmente con unos valientes y orgullosos animales que en un tiempo recorrieron este continente norteamericano donde a su vez eran respetados y admirados por los indios americanos. Compartían con ellos las tierras fértiles y las montañas, y consumían las mismas comidas que los primitivos humanos que habitaron estas tierras.

El oso es un animal "inteli-hombre", pero no le teme. Muchas tribus indias lo consideraban sagrado, porque lo querían. Otras lo consideraban el animal más valiente que pisaba la tierra, pero todas sin excepción lo respetaban. Un oso puede correr más rápido que el hombre, nadar mejor, y sus reflejos son más rápidos. Debido a su extraordinaria fuerza, puede sobrevivir mejor las heridas graves. Si estima que es necesario, puede moverse en silencio, y sabe esconderse si comprende que un peligro lo acecha.

Los osos pardos en un tiempo ocupaban el área que se extiende desde el río Mississippi hasta el Pacífico, y desde el sur de México hasta el Ártico, eran cientos de miles, disfrutando la vida agreste de aquellos tiempos, sin cazadores con rifles ni pasiones desmedidas. Los hombres en aquellas épocas solo mataban para comer. Se mantenía un equilibrio de especies. Hoy el desequilibrio es total, incluyendo dentro de la misma raza humana. Este desequilibrio es el que hay que detener, porque primero acabará con destruir todos los animales de la faz de la tierra y luego, seremos nosotros mismos los exterminados.

El día de las mulas

Washington D.C. El representante demócrata por el Estado de Tennessee, Congresista Jim Cooper, introdujo una resolución en el Congreso de los Estados Unidos, designando el 26 de octubre de cada año "El Día de las Mulas" en honor de estos incansables animales, los cuales contribuyeron grandemente en la agricultura, minería y transportación en beneficio de este país. La razón de haber escogido este día se debe a que fue el 26 de octubre del año 1785 que el Rey de España, Carlos III, le regaló a George Washington dos burros de pura sangre, los cuales hicieron pareja y tuvieron cría con dos yeguas de Washington. Las mulas, vástagos de esta pareja, rindieron el esfuerzo de su trabajo en las tres ramas más importantes de aquella época, agricultura, minería y transportación. Se podría decir que, "trabajaron como unas mulas". Esperemos que Cooper triunfe en sus propósitos y se llegue a celebrar "El día de las Mulas" en reconocimiento del esfuerzo prestado por ellas y, además, para que las traten con más consideración.

En la fotografía, Celso Alonso acompañado de la mula "Festis", que utilizaba siempre que iba al Big Bend National Park

Mulas y Mulos
Honrado y recordando el pasado, pero… sin abandonarlo

En números pasados publicamos un artículo donde mencionábamos uno de los más notables monumentos dedicados a los animales, fue el que se erigió en el "Paso Blanco", Yukón, Estados Unidos, para honrar a los miles de animales de carga (especialmente mulas y mulos) que fueron sacrificados para colonizar el Oeste Americano, y también cuando la fiebre del oro en el siglo XVIII.

Sin los animales de carga hubiera sido casi imposible la colonización. También mencionamos después la propuesta por un congresista americano de celebrar "El Día de las Mulas" como recuerdo a estos animales que tanto contribuyen a la humanidad.

Al parecer, para las mulas y mulos el trabajo duro y peligroso había terminado, ya que en esta moderna época de computadoras y cohetería, guerras astrales, químicas y electrónicas, no había sitio ni uso para estos nobles animales, pero… no es así, ya que el ejército americano está considerando reclutar de nuevo a las mulas. Según el Teniente Coronel Craig Mc Nab, vocero del Ejército de los Estados Unidos, se está considerando en el Pentágono (Cuartel General de las Fuerzas

Armadas de los EE.UU.), volver a usar a las mulas en la División Ligera de Infantería acantonada en Fort Drum, en el Estado de New York. En una reunión que duró dos horas el Secretario del Ejército, Mr. John Marsh, instruyó al Comandante de la División de Infantería Ligera para que comenzara en conjunción con los ejércitos de Alemania del Oeste e Italia, los cuales aún continúan utilizando las mulas para hallar los equipos pesados en esta clase de terrenos.

El Secretario Marsh, también solicitó que la Guardia Nacional de los Estados Unidos considere establecer otra unidad especial en la Décima División del Estado de Vermont que utilice a estos animales de carga para terrenos fangosos y accidentados, y el General John Wickman, uno de los principales Jefes del Ejército ordenó comenzar a preparar al personal que se hará cargo de dirigir las mulas.

En otra entrevista, el Coronel Raúl Alcalá, al frente de la División del Sistema de Integración, declaró que "las mulas serán incluidas en ejercicios y operaciones en otros países".

Todo esto nos parece decir solamente una cosa: Que una buena mula, es irreemplazable.

En la fotografía se pueden ver burros agrestes y libres, en unas montañas en Texas, ellos cruzan constantemente el Río Grande (o Río Bravo). ¿No es maravilloso?

El Yaguarundi

Los gatos, grandes o pequeños, siempre han fascinado a la humanidad. Desde hace muchos siglos, millones de personas cuidan y se enorgullecen de sus gatos caseros, pero cuando pensamos en los gatos grandes y félidos, los que primero nos vienen a la mente son los leones, tigres, jaguares, etc. Aquí, en el continente americano tenemos nuestros felinos agrestes. El más conocido de nuestros grandes gatos americanos es el Puma, el cual habita desde el sur de los Estados Unidos, hasta la Patagonia, sur de nuestro hemisferio. Pero hoy quiero mencionar uno en particular que es casi desconocido por el público: El Yaguarundi.

El Yaguarundi es, sin duda, uno de los félidos más misteriosos de nuestro continente. Acostumbra a salir de cacería de noche o muy temprano en la mañana, aunque algunas veces se le ha visto de día. Recuerdo que en uno de mis viajes al Sur de Texas, me encontraba en un bosque situado a las orillas del Río Bravo, en esa oportunidad estaba tomando fotos de flores silvestres, y a pesar de que parece ser sumamente fácil tomar fotos a las flores silvestres ya que estas no salen huyendo, no lo es, por que uno debe estar seguro que la luz del Sol le dé en el ángulo deseado, etc. En esta oportunidad yo me había acostado en el suelo buscando el nivel adecuado, era muy temprano en la mañana y las aves habían comenzado a salir. Por encontrarme tan cerca del río, una brisa barría constantemente las altas hierbas de sus orillas, las ondulantes parecían darle las gracias al astro rey por la tibieza de sus rayos. Entonces, cerca de mí. presentí un ligero movimiento, tan ligero que podía haber sido causado por alguna ramita al caer, pero quizás el sentir una fuerte mirada sobre mi cuerpo me hizo sospechar que algún ser con más magnetismo me observaba. Me incorporé lentamente, y "a gatas" traté de acercarme hacia el lugar de donde el sonido había emanado. Muy cerca de mí, me pareció observar dos brillantes y pequeñas piedras, me detuve y aguanté la respiración, aún no podía precisar o identificar su procedencia. De pronto lo vi, agazapado, precavido, sus vivos e inteligentes ojos escudriñaban todos mis movimientos. Me sentí maravillado ante la sabiduría selvática que brotaba de su mirada, su cuerpo era largo, musculoso de color negruzco con destellos rojizos. Se incorporó, dio un salto enorme con increíble facilidad, y solo pude ver unas líneas que se movían con mucha rapidez, las cuales atravesaron las altas hierbas. Cinco segundos después, el silencio, solo los pájaros y la brisa habían visto un Yaguarundi. Yo había sido uno de

los escogidos, uno de los pocos, uno de los afortunados. Esta maravillosa experiencia es uno de mis
más preciados tesoros y que no olvidaré jamás.

Esta foto fue tomada en "Santa Ana, bosque semitro-
pical al sur de Texas y a orillas del Río Bravo. Aquí fue
donde pude ver al yaguarundi, donde habita, rodeado
del misterio en la tupida y variada vegetación.

El Yaguarundi se alimenta principalmente de
ratones y otros mamíferos pequeños, algunas veces caza pájaros para complementar su dieta. Es
un animal solitario excepto cuando busca compañera donde, al igual que los gatos domésticos
en estas circunstancias, se le oye maullar y chillar
a gran distancia. Hay quien ha comentado que

cuando este félido está jugando se le ha escuchado gorgojear como a un pájaro, y se tienen datos que en tiempos precolombinos se le domesticaba para cazar ratas y ratones en un determinado lugar de la casa o empalizada. Es de orejas pequeñas y redondeadas. Cuando tiene cría trae al mundo de dos a cuatro hijos, puede medir, cuando llega a adulto, desde los cuatro pies de largo hasta seis pies incluyendo el rabo. Su peso puede variar en su madurez desde doce libras hasta alrededor de las 35 libras pero repito, muy poco se sabe de este escurridizo y misterioso felino.

Animales con rabia

Gran emoción y temor está causando en estos días la posibilidad de que algún perro, en la ciudad de Houston, Texas, pudiera haber contraído la enfermedad de la rabia. La noticia surgió después que una niña ingresó en estado de gravedad en un hospital, reportándose que había contraído la enfermedad, aunque la pequeña no muestra ninguna señal de haber sido mordida por algún perro (después de la más detallada observación e investigación). La autoridades locales comenzaron una campaña desaforada, indiscriminada y abusiva contra los perros y los gatos, incluyendo la salvajada de entregarles escopetas y rifles a algunos de sus empleados que trabajan en la recogida de perros callejeros para quitarles la vida a los infelices animalitos, aún sin tener sospechas de que estén enfermos.

Un locutor de una estación local de radio fue testigo, y así lo informó a sus radioescuchas, de la persecución desenfrenada e ilógica en la que cinco o seis carros patrulleros perseguían sin misericordia a un infeliz perrito (que se estaría preguntando qué mal habría cometido) haciendo sonar sus sirenas, frenando, corriendo, bajándose y volviendo a subir. ¿No tendrían otra cosa más importante que hacer los valientes policías en la inmensa urbe de la ciudad de Houston?

Según oficiales del Departamento de Salud, en el condado de Harris, donde entre otras ciudades se encuentra Houston, desde el año 1965 hasta el presente, solo ha habido tres casos confirmado de rabia entre la población canina y felina ¡Un solo caso en tantos años! Entonces ¿por qué esta ponzoñosa y cruel propaganda hacia los perros?

Es mi opinión que son varias las causas, la primera, que el Departamento a cargo de estos problemas necesita más dinero, y en esta forma obliga a los dueños de animales que registren a sus perritos y gaticos, y paguen sus cuotas anuales; segundo, los periódicos en inglés de la ciudad, debido al alboroto infundado del peligro de rabia, aumentaron sus ventas locales, y por lo tanto para ellos no tienen importancia los abusos que se cometan con los animales por culpa de lo que escriben; tercero, los veterinarios, que no se conforman con el robo descarado por los precios anormales por la labor que realizan, además de mantener el monopolio de las medicinas para nuestros animalitos, se han prestado para mantener viva la histeria del miedo a la rabia, ya que este temor se convierte en muchos cientos de dólares para sus bolsillos.

¿Conocen ustedes alguna farmacia para comprar medicinas para los perros y los gatos o cualquier otro animal?

En los Estados Unidos 27,000 personas todos los años pierden sus vidas debido a los choferes embriagados (léase, borrachos o ajumados) o sea, estas supuestamente inteligentes personas, procediendo en plena conciencia, determinaron comenzar a ingerir bebidas alcohólica a sabiendas (porque todo el mundo lo sabe) de que si tomaban mucho perderían el control. Entonces tras el timón de un vehículo se asesinan a 27,000 inocentes por lo menos anualmente. Esto lo repiten todos los años, algunos de ellos van también al cementerio (y se quedan por supuesto), otros van a la cárcel y salen después, y el resto, ni días cumplen. A pesar de esto, millones continúan tomando, siguen divirtiéndose y matando inocentes. En los veinte años en que pocos casos de rabia se han confirmado en el condado de Harris, o sea Houston Texas y demás ciudades circunvecinas, en los Estados Unidos, los borrachos o ajumados, han asesinado a más de medio millón de personas.

Señores del gobierno, por favor, si pretenden perseguir a alguien, persigan a los delincuentes, o a los borrachos que manejan en estado de embriaguez, pero dejen tranquilos a nuestros perritos y gaticos, que no han hecho daño alguno. Los pobres perros callejeros, lo único que andan buscando es amor, comida, y una mano amiga que los proteja, y ellos a su vez, nos pagarán con más amor y protección, dando sus vidas por defendernos, como en muchos miles de casos comprobados.

Ahora, para colmo de estupideces, quieren pasar una ley donde sería ilegal darle de comer a los perros o gatos que no tengan dueños, o sea, condenarlos a morir de hambre poco a poco. Los señores que han propuesto esta ley pretenden ilegalizar la piedad, desean convertir en delincuentes a las personas de buenos sentimientos, están tratando de encarcelar a los hombres y a las mujeres de buen corazón.

¿Qué clase de cretinos nos están gobernando que proponen tan absurdas leyes? Por lo que a mí respecta, continuaré ayudando a los animalitos; para estos gobernantes y autoridades locales seré un criminal más, ellos tendrán la ley y yo la justicia; ellos las armas, yo el amor; ellos tendrán jueces, yo a Dios.

En el mundo, sí existen muchos animales con rabia, pero esos no tienen cuatro patas. Son bípedos.

Houston, Texas. Quizás alguna vez poseyó millones, quizás nunca poseyó fortuna, todos lo abandonaron, familiares, amigos, conocidos, todos con la excepción de sus fieles perros, con él viven y nunca, nunca, lo abandonarían. Así es el amor de los perros por sus dueños. Inquebrantable y firme.

San Francisco, California. En esta bohemia y bella ciudad, cerca del famoso embarcadero, siempre podemos ver este cieguito, que canta para el público acompañado de su música grabada y pone frente a él un pequeño cestico para que los transeúntes le dejen alguna ayuda económica. Junto al cieguito, su perro, que lo guía a traves de la ciudad, para orientarse y cruzar las calles con seguridad. El cieguito, a su vez, cuida con esmero a su compañero. En esta foto podemos observar cómo tapa a su animalito con una colcha para que no sienta frío. No hay dudas, el perro es el mejor amigo del hombre, y el hombre, si quiere, puede ser el mejor amigo del perro.

Nuestros animales y el más allá

El famoso autor y sociólogo canadiense, Dr. Ian Currie, afirmó categóricamente que nuestros perros, gatos y otros animales domésticos, se reunirán con nosotros en el más allá. El Dr. Currie, que recibió una gran publicidad por su libro "Ud. no puede morir", explicó que nuestros animalitos, aún después de la muerte nos siguen acompañando, y su devoción y amor por nosotros los hace rondar nuestra casa en formas inmateriales, esperando el día en que nos reunamos con ellos. "No hay duda" explica el Dr. Currie, "que si ha habido un gran cariño entre el perrito y el dueño, inmediatamente después de nuestras muertes, nos reuniremos con nuestros animalitos". El Dr. Ian Currie, que personalmente ha asistido a reuniones espiritistas, ha podido comprobar, según sus palabras, que "el dueño y su perrito se reunieron nuevamente, tan pronto el último de ellos en sobrevivir abandonó su cuerpo físico". La acreditada revista nacional OMNI Magazine, en su número del mes de agosto, reportó sobre estos acontecimientos.

La Doctora Mandy

El Memorial Hospital en Pasadena, California, tiene una nueva empleada, la Doctora Mandy. Mandy es una perrita sata, descendiente de pastora alemana, la cual ha sido adoptada por los empleados del hospital, y ahora oficialmente pertenece a la empleomanía del mismo. Tiene solamente dos años de edad y se pasa el día (y la noche) visitando, calladamente a los enfermos del mismo, llevándoles su amor, y ¿saben una cosa? los doctores han comprobado que ya son muchos los enfermos que han mejorado gracias a la Doctora Mandy. Felicitamos a la administración del Memorial Hospital por tan brillante y humanística idea.

Un mundo mejor

Era una tarde fría, húmeda, caminaba muy lentamente en un bosque, cuando oí un pequeño ruido. Me detuve y pude observar cuál era la procedencia del mismo: una pequeña ardilla buscaba afanosamente alguna semilla para su alimentación. Al verme se detuvo, y después huyó corriendo. ¿Qué temía? naturalmente temía al daño que yo pudiera causarle, ya que estos animalitos (y los otros también) saben que el *homo-sapiens* disfruta causando daños ¡Qué triste es esta verdad!, reflexioné pensando, ¡qué gran felicidad sería poder vivir en un mundo mejor, un mundo de respeto mutuo! Claro que estoy hablando de un respeto a todo lo creado, y aclaro esto porque a muchos humanos nos parece que un mundo mejor sería aquel que le permitiera hacer lo que le diera la gana.

Indiscutiblemente un mundo mejor tendría que componerse de hombres y mujeres que conozcan primeramente el significado verdadero de la palabra Amor. Con Amor la felicidad está al alcance de todos, ya que al existir Amor, nuestra habilidad para disfrutar, compartir y respetar se acrecienta, al mismo tiempo que se reduce nuestro egoísmo. Podremos disfrutar del éxito de nuestros vecinos y conocidos, y el día que hagamos hecho una caridad a un desconocido, ese día, aumentará la felicidad, pero para Amar en esta forma, hay que querer Amar, esta actitud mental no viene por sí sola a los humanos, tenemos que trabajar para conseguirla. En ese mundo, claro está, no existirán los cazadores, pues de lo único que podrán sentirse orgullosos estos seres es de la destrucción, muerte y dolor que ocasionan. Servirían mejor a Dios si hubieran nacido como árboles, al menos nos darían su sombra ¿Sus frutos? no, esos no los queremos, ya que serían venenosos.

Hablando con muchos cazadores he comprendido que al 85% de ellos no les agrada que sus semejantes puedan leer en sus almas y en sus pensamientos los instintos criminales que tienen arraigados. Algunos me han dicho, "yo me como todo lo que mato, por eso es que voy de cacería". ¡Qué gran mentira! ya que para cuando consumen lo que han cazado, su inversión en armas de fuego, ropa apropiada para la cacería y derechos de caza, han gastado unos cuantos miles de dólares, que invertidos en *"hamburgers"* les habría durado por muchos años. La única verdad es que estos seres disfrutan causándole dolor a otros seres vivientes, disfrutan asesinando. Para ellos un mundo mejor, por supuesto, no incluiría a los animales, y es que estos tipos de personas no quieren un mundo mejor, sencillamente lo que quieren es egoístamente mejorar el mundo de ellos. Viven en el estercolero de sus pensamientos.

Si usted desea vivir en un mundo mejor, empiece mejorando el suyo, comience a amar todo lo que le rodea. Ame a sus familiares, no se les imponga, ame a sus vecinos, no los moleste, ame a los pordioseros y desempleados, no los desprecie, ame a los animales, no les haga daño ni permita que se lo hagan, ame a las plantas, al Sol, a todo lo creado. Respete el derecho de existir de otros seres vivientes. Usted solo tiene el derecho a destruir su propia vida, y si usted pertenece al grupo de los que odian, ya lo está logrando, porque la persona que odia comienza destruyéndose a sí misma y su alma perecerá corrompida. Ame más y contenga sus malos instintos y ya verá como comenzará a ser feliz.

Continué caminando por el bosque y a pesar del frío y la humedad veía la belleza en esa nublada tarde. Cerca de mí, un poco fuera del trillo, había un árbol grande y recogí algunos de sus frutos, pacanas, puse algunas en los bolsillos, me llené bien las manos y retrocedí hacia el lugar donde había visto la ardillita. Esperé unos segundos y la divisé nuevamente, le tiré algunas pacanas. Al principio huyó de nuevo, después, poco a poco, se fue acercando, tomo una, salió corriendo y regresó. Esta vez, lo hizo con dos ardillitas más. Continué tirándoles pacanas. Ellas iban y venían ¡Qué felices estaban! Yo disfruté enormemente esos momentos, me encaminé a paso ligero hacia la salida del bosque donde había dejado estacionado mi auto. El Sol, que no había salido en todo el día logró dejarse ver entre las nubes, sentí la tibieza de sus rayos de luz, el mundo me pareció mejor, la tarde más bella, quizás, todo no estaba perdido, quizás habría esperanzas para un mundo mejor.

¿Saben los pájaros leer? Seguramente no, pero estos pájaros saben que en este lugar están seguros, ya que anuncia un Santuario para la vida silvestre.

CAPÍTULO 3

El Big Thicket

*L*a salvaje belleza de este primitivo bosque Tejano, cuajado de flores silvestres, maderas preciosas, y habitado por una cuantiosa cantidad de animales y aves, muchos de ellos a punto de desaparecer, se encuentra a solo dos horas y media de camino de Houston, Texas.

Muchas personas, para describir el Big Thicket, lo califican como el cruce de caminos biológicos de los Estados Unidos, y no están muy lejos de la realidad, ya que la diversidad de su flora y su fauna se debe precisamente a su situación geográfica y climatológica. En sus bosques se pueden encontrar árboles de madera dura como en los bosques norteños, pantanos selváticos y tupidos como los de la Florida y Louisiana, terrenos áridos y arenosos como los del Oeste americano y densa vegetación de chaparrales igual que el Sur de Texas. En cada una de estas zonas, las flores silvestres adornan sus trillos para que, a lo largo de ellos, el visitante pueda experimentar el olvidado placer de estar en contacto directo con la naturaleza.

En la fotografía, el autor y su esposa Yolanda, en una playita dentro del Big Thicket, a orillas de un arroyuelo, que combinan un espectáculo único y bellísimo.

"El Big Thicket" significa "El Gran denso (o tupido) bosque", nombre con el cual le hace honor a la realidad, ya que fueron cientos los pioneros que en los años de 1700 y 1800 se encaminaron en sus vagones hacia el desconocido Oeste Americano, y nunca pudieron alcanzarlo, ya que cuando llegaban a los insondables bosques del este de Texas no podían atravesarlo. Así eran de tupidos e intransitables. Sus primeros pobladores fueron los indios, los cuales evitaban adentrarse mucho en sus montes, tanto por sus peligros naturales, como por las innumerables leyendas que en torno al mismo abundaban. Después, a principios del 1800 comenzaron a llegar los primeros pobladores blancos, cuyas esperanzas de llegar al oeste se vieron frustradas al verse imposibilitados de poder atravesar las tupidas selvas y pantanos y se quedaron viviendo a orillas del "Big Thicket". Dentro del bosque solo vivían los que, escapando de la justicia se refugiaban en el mismo, teniendo la certeza de que allí nadie se atrevería a buscarlos. Para ellos, el "Big Thicket" era el paraíso y la libertad.

Originalmente, estos bosques cubrían un área territorial de unos tres millones y medio de acres de terreno, comenzando al cruzar el río Sabinal (*Sabine River*) que divide el estado de Louisiana con Texas. En este punto comenzaba a hacerse difícil la travesía hacia el oeste, y muchos desistían en esta región, donde acampaban para estudiar la situación, y terminaban limpiando una parte del bosque y construyendo una cabaña con los árboles del mismo. Como la tierra era buena y fértil, optaban por sembrar y quedarse en la región. Otros más temerarios trataron de continuar, para encontrarse con otro bello y poderoso obstáculo, el río Neches, el cual marca el comienzo de la zona boscosa más difícil de atravesar de los Estados Unidos, el corazón de Big Thicket. En sus florestas se pueden encontrar ochenta y cinco (85) tipos diferentes de árboles, más de sesenta especies de arbustos de todo tipo y alrededor de mil (1,000) plantas de flores, incluyendo helechos bellísimos, orquídeas silvestres y cuatro de las cinco clases de plantas carnívoras que existen en los Estados Unidos.

En esta exuberante vegetación habitan una enorme cantidad de aves, reptiles y mamíferos, y entre ellos hay un ave especial que se cree extinguida en este país que es el *"Ivory–bill Woodpecker"* (conocido en Cuba como el Carpintero Real)

Celso Alonso

un pájaro espectacular, negro con marcas blancas en las alas y una cresta roja. Tanto en Cuba como aquí en Texas, Lousiana y la Florida existe otro pájaro carpintero muy parecido, un poco menor de tamaño (unas 19 pulgadas) y el pico lo tiene grisoso y no color marfil-oro como el carpintero real. Cerca de los trescientos tipos de aves se pueden observar en estas florestas, algunas viven permanentemente en ellas, otras son aves migratorias. Algunos de los mamíferos que existieron en abundancia en tiempos pasados (y hay quien asegura que todavía existen algunos) son los osos negros, los pumas, las panteras, en especial una familia de panteras negras y los lobos rojos; estos últimos se han podido observar en épocas recientes. Con seguridad todavía existen los reptiles, que son muchos y entre ellos un tipo pequeño de cocodrilo, no muy común, y muchas especies de serpientes, unas cuantas de ellas venenosas de la familia de la "cascabel" y la "coralilla"; por eso es aconsejable usar botas cuando uno se adentra en el monte del "Big Thicket" a disfrutar de una buena caminata.

De los tres y medio millones de acres que en tiempos pasados fueron el inmenso bosque semi-tropical conocido como el "gran y tupido monte" solamente quedan unos 300,000 acres y de estos, únicamente 84,550 acres han sido protegidos en la "reserva forestal" conocida como *"Big Thicket National Preserve"* donde aún se permite cazar (matar animales por placer) aunque obligan a los cazadores a respetar las épocas de veda.

Los acres destinados para la "preserva forestal" están divididos en doce unidades. Ocho de ellas son extensiones de terrenos boscosos y pantanosos. Las cuatro restantes están situadas a lo largo del Río Neches; y son llamadas "corredores" ya que la función especial de ellas es permitir que la fauna de la preserva se pueda trasladar de una unidad del monte a otra, con cierta seguridad, a su integridad física, además de que a lo largo de este magnífico y bello Río Neches, se pueden encontrar lugares bellísimos que a la vez son

Celso Alonso

magníficos exponentes del "Big Thicket" en tiempos primitivos.

La única reservación india que existe en Texas está situada en el "Big Thicket". Los indios de las tribus Alabama y Couchatta han vivido y viajado juntos hace ya más de doscientos años. Llegaron a Texas a finales de los años del 1700 (siglo 18) y vinieron procedentes de la región este central de los Estados Unidos. El estado de Alabama debe su nombre a estas tribus. Llegaron al "Big Thicket" bordeando el bosque por el norte, evitando de esta forma internarse en el mismo, y más tarde se instalaron en este sitio. La *Alabama Couchatta Indian Reservation* está abierta diariamente al público (excepto en enero y febrero) donde realizan actividades culturales sobre sus costumbres primitivas. Los beneficios económicos de estas actuaciones y de la pequeña tienda de *souvenirs*

que operan, los dedican para mejoras de la co-munidad. Como nota de actualidad debo agregar que últimamente se ha encontrado petróleo en terrenos de la reservación, y se estima que los in-dios de *Alabama Coushatta India Reservation* es-tán en los umbrales de una época de prosperidad económica.

Conozca las flores

Ilang-Ilang o Sándalo

Nombre botánico: *Cananga odorata*
Familia: *Annonaceae*
Nativa de: India, Java y Filipinas

Ilang-lang, tan exótica en apariencia como en nombre, es un árbol aromático de hoja perenne, famosa como origen de un perfume muy popular en el Lejano Oriente. Esbelto y erguido, alcanza en Cuba la altura de 45 pies. Se distingue porque sus airosas ramas salen desde el tronco con una suave inclinación, para cerca de sus extremos levantarse ligeramente y terminar insinuándose hacia abajo.

Sus hojas alternas de 6 a 8 pulgadas de largo son verde intermedio, ovalado acuminadas, con ápices puntiagudos. Las flores fragantes brotan en las axilas colgando de cortos pedicelos. Son blanco-verdosas cuando nuevas y marfil oscuro en su madurez. Sus pétalos largos y estrechos de puntas afiladas encierran muchos estambres aglomerados en el centro. Las capsulas verdes y ovaladas de 1 pulgada de largo crecen en pequeños grupos.

El Ilang-Ilang puede ser usado como ejemplar cerca de la casa, donde su perfume se puede apreciar, o en el césped por no ser árbol de denso follaje florece de febrero a junio, y algunas veces también en el otoño. No requiere ni tierra ni cuidado especial. Se propaga fácilmente por semilla

Piñón amoroso o alegre caminante

Nombre botánico: *Gliricidía seplum*
Familia: *Leguminosae*
Nativa de: América tropical

Planta con muchos nombres, todos bien descriptivos, la Gliricidía prende fácilmente de estacas y crece con rapidez. Durante los meses de enero y febrero se pueden admirar a través de toda la Isla las cercas de postes florecidos. Como las flores aparecen antes que las hojas, a cierta distancia se asemejan a algunos árboles frutales. Las flores son pequeñas, amariposadas, rosadas, algo violáceas y blancas. Miden unos 3/4 de pulgada y se producen en largos racimos axilares. Durante su floración son muy visitadas por las abejas. Más tarde se cubre la planta de cápsulas que contienen las semillas y que la hacen poco atractiva. Las hojas pinadas tienen de 5 a 15 foliolos; estos son oblongos, de 1 a 2 pulgadas de largo y a menudo manchados de morado por el envés.

La Gliricidía crece de 10 a 20 pies. Es comúnmente sembrada como árbol de sombra en plantaciones de café y cacao. En Cuba se utiliza mucho como postes de cerca, para lo cual se cortan de algunos pies de alto por 2 o 3 pulgadas de grosor, los que arraigan enseguida y florecen en la próxima estación. Su madera de color rojizo y jaspeado es muy dura. He tenido el enorme placer de ver estas cercas florecidas en un precioso pueblo llamado, Papantla, en el estado de Veracruz, México. Este pueblo también es famoso por sus bellas flores, que incluye la hermosa flor de la vainilla, de donde se extrae la mejor vainilla del mundo.

Califa o rabo de gato

Nombre botánico: *Acalypha hispida*
Familia: *Euphorbiaceae*
Nativa de: Indias Orientales

Resultan casi jocosos los nombres descriptivos dados a este arbusto erecto. Sus racimos, péndulos de flores de un rojo vivo, axilares y terminales, pueden alcanzar un largo de 18 pulgadas. Son flexibles como la cola de un felino. Compuestos de florecillas apétalas y sedosas, apiñadas a lo largo de la espiga, estos rabitos de gato producen la apariencia de un grueso cordón de *"chenille"*.

Creciendo alternas en peciolos carnosos, las hojas estipulares de 4 a 8 pulgadas de largo son ásperas. De un verde mediano y con venas prominentes, el follaje es bello. Otra variedad corriente, *Acalypha wilkesiana*, cuyas flores son menos conspicuas, es estimada por sus hojas de un verde bronceado, moteadas de rojo.

Acalypha hispida, podada en forma de arbolito, es sumamente atractiva como ejemplar. Cuando se le deja en su forma natural, puede usarse para fondo de canteros. A veces alcanza una altura de 10 pies y florece todo el año. Su propagación por medio de gajos fuertes es fácil, debiéndosele plantar en tierra bien abonada. Las guaguas, escamas y arañitas rojas suelen atacarla.

Peregrina

Nombre botánico: *Jatropha hastata*
Familia: *Euphorbiaceae*
Nativa de: Cuba, América del Sur.

Un arbusto o árbol pequeño de hoja perenne y siempre florecido lo cual es una ventaja. Combinando el carmesí de sus flores con el verde lustroso de sus hojas, la *Jatropha hastata* nunca florece con tanta abundancia como para dar un manchón de colorido. Las panículas pueden contener a la vez botones apretados color carmesí, cápsulas verdes y globosas, y flores de una pulgada que son bermellón en la cara superior y rojo-azuladas en el reverso. En cada florecita crecen en dos verticilos 10 estambres con anteras grandes y amarillas. El nombre *hastata* indica que cada hoja tiene dos lóbulos puntiagudos en la base. La naturaleza caprichosamente decidió variar y produjo muchas hojas con un solo lóbulo, a veces a la izquierda, otras a la derecha, siendo unas hojas panduratas, otras elípticas, pero todas presentan la característica hastata de dos venas pronunciadas extendiéndose desde el peciolo a los bordes por donde los lóbulos deberían haber salido.

Como esta Jatropha crece hasta 15 pies puede ser plantada a distancia o podada bajo, puede usarse cerca de la casa. Una variedad más pequeña con flores más oscuras es bella como ejemplar o como seto bajo. Se propaga por gajos puestos en arena después de dejarse un día a la sombra. La planta prospera a pleno sol.

Mariposa

Nombre botánico: *Hedychium coronarium*
Familia: *Zingiberaceae*
Nativa de: India, Malaya.

La Mariposa se ha hecho tan popular en Cuba que ha sido escogida como la flor nacional de la Isla. Su exquisita fragancia y la belleza de sus flores blancas evidentemente llamaron la atención de los antiguos botánicos, pues le dieron a su género el nombre de *Hedychium*, derivado de dos palabras griegas que significan "fragante" y "nieve". También hay variedades en amarillo y salmón. De su rizoma grueso y horizontal salen tallos derechos y rígidos con hojas opuestas y alternas. El peciolo de cada hoja envuelve el tallo, el cual alcanza un largo de dos a tres pies y termina en una espiga de flores. La corola sale del tallo en forma de un tubo delgado ensanchándose en un limbo que se asemeja tanto a una mariposa, que de ella recibe su nombre español.

La Mariposa florece todo el verano y hasta octubre. Como su follaje se marchita después de florecer, no sirve para bordes de canteros, pero debe ser sembrada en colonias cuando se desea lograr un efecto exótico. Se puede sustituir por otras plantas durante su periodo de descanso. Los rizomas se deben dividir y trasplantar cada dos o tres años. Prospera en tierra pobre, pero requiere mucha agua y alguna luz solar diariamente.

Coral Punzó

Nombre botánico: *Odontonema estrictum*
Familia: *Acanthaceae*
Nativa de: América tropical.

No solamente es deseable el Coral Punzó porque atrae zunzunes al jardín, sino que sirve para formar un fondo atractivo para plantas más pequeñas. Crece erecto y su tiesura es inflexible, tiene hojas grandes de un verde oscuro con venas más claras que contrastan grandemente con otras plantas de follaje delicado. En racimos tiesos aparecen las flores lustrosas, rojas. Cada florecita tubular termina en cuatro lóbulos, el de arriba arqueado y partido, y los tres de abajo, más grandes y ligeramente recorvados. La garganta diminuta es blanca y contiene dos estambres.

Como el arbusto crece rápidamente debe podarse con frecuencia. Muchos jardineros opinan que es mejor plantarlo de nuevo todos los años, pudiendo utilizarse los gajos gruesos que prenden fácilmente. El Coral Punzó no requiere tierra especial; tampoco tiene insectos enemigos, salvo la "guagua" que puede eliminarse con el rocío fino de la manguera. Dándole sol y sombra, esta planta florece en verano, otoño e invierno.

Embeleso

Nombre botánico: *Plumbago capensis*
Familia: *Plumbaginaceae*
Nativa de: África del Sur.

El nombre Embeleso es apropiado para esta linda planta semitrepadora porque es la personificación de la delicadeza, siendo sus flores de un azul especial. De un mazo de raíces echa muchos tallos individuales que terminan en espigas de flores asalvilladas. A veces se cuentan con una espiga hasta 15 flores de una pulgada de ancho con tubos largos y finos abriéndose en cinco lóbulos. El cáliz es un tubo estrecho, verde y pubescente. Las hojas verde claro son pequeñas y oblongas.

Posiblemente la característica distintiva de esta planta es el color. El azul es considerado como color sedante y aunque se puede usar profusamente en el jardín, es, sin embargo, el color más raro en la flora tropical. Los jardineros estiman el Embeleso como planta excelente para bordear caminos y canteros de flores más radiantes. Como produce flores todo el año, se usa corrientemente para hacer setos bajos y bordes, pero con soportes se hace trepadora. Se propaga por gajos pero es mejor dividir los mazos de raíces que se multiplican rápidamente. En tierra alcalina algo seca, el Embeleso requiere poco cuidado. Debe podarse y entresacarse de vez en cuando. Hay también una variedad blanca.

Rosa de la montaña

Nombre botánico: *Brownea grandiceps*
Familia: *Leguminosae*
Nativa de: América tropical

Parecidas a los *rhododendrons* del norte son las umbelas tupidas que cuelgan semi-péndulas des-de las ramas curvas de la Brownea, durante la pri-mavera. Al pararse debajo de este árbol uno pue-de mirar hacia arriba al centro de los pompones escarlatas, salpicados de anteras amarillas. Cada pompón (del tamaño de una toronja) se compone de florecillas que miden 3-1/2 pulgadas de largo.

El cáliz es color ladrillo, los pétalos acresponados son escarlata y los estambres rosados. Puesto que todas las flores no se abren simultáneamente, cada umbela contiene flores en varias etapas de su desarrollo. Antes de abrir, las umbelas parecen bolitas de Navidad.

La característica más notable de este árbol es la manera rara en que retoñan las hojas nuevas. Al extremo de las ramas tiernas aparece un botón largo y rosado que se rasga para descubrir una borla fláccida de hojas rosadas bien desarrolladas. Al principio son algo translúcidas y manchadas, pero gradualmente se ponen más firmes y oscuras siendo la hoja madura verde oscura y de unas 6 pulgadas de largo. Solamente otros dos géneros forman sus hojas de esta manera curiosa. La Brownea prefiere un lugar protegido y húmedo, con tierra fértil.

Casco de buey o árbol orquídea

Nombre botánico: *Bauhinia variegata cándida*
Familia: *Leguminosae*
Nativa de: Los trópicos de los dos hemisferios

La *Bauhinia* recibió su nombre en honor de los botánicos gemelos de Suiza, Jean y Gaspard Bauhin. Tiene una peculiaridad interesante en la forma de su hoja, la cual está dividida en secciones iguales, algo parecida a la huella de un casco de buey. Las flores, de dos a tres pulgadas de ancho, son fragantes y de belleza exquisita; se parecen a mariposas; mientras que la *Bauhinia* de color lila con manchas carmesí se acerca más a la forma de la verdadera orquídea. Existe también otra variedad de color crema en forma de campana y otra muy rara, la *Bauhinia Galpinii*, de color ladrillo. Las *Bauhinias* varían en cuanto a su tamaño y forma, desde arbustos pequeños a árboles grandes. La *Bauhinia monandra*, de color rosado, tiene una forma especialmente interesante, semejante a la de La Mimosa. Sus flores tienen manchas color de vino.

La Bauhinia puede ser usada para llenar vacíos en el cantero de fondo, o sola en el jardín, donde la luz del sol hace resaltar la belleza de sus exquisitas flores. Se propaga por medio de semillas que deben estar mantenidas un tiempo en agua antes de sembrarse. Necesita luz solar, buen drenaje y una ligera poda cuando acaba de florecer.

Tararaco o azucena de México

Nombre botánico: *Amarylis belladonna (Hippeas-trum equestre)*
Familia: *Amaryllidaceae*
Nativa de: México, Las Antillas, América del Sur.

Por su simple gracia y sencillez de líneas, la belleza de esta flor de color rojo salmón, parecida al lirio, es incomparable. Saliendo en grupos de dos o tres sobre escapos gruesos y ahuecados, de 16 pulgadas de altura más o menos, estas bellas flores acampanadas se inclinan hacia abajo en sus pedicelos de tres pulgadas. El tubo que sostiene la flor tiene dos pulgadas y el perianto, todo comprendido, mide cinco pulgadas de largo y cinco pulgadas transversalmente; los seis segmentos ligeramente recorvados, revelan una garganta color verde pálido. Tiene hojas liguladas, que llegan a su máximo desarrollo solamente después que las flores hayan salido, alcanzando con frecuencia 14 pulgadas de largo y una pulgada de ancho.

Este *Amaryllis* crece de bulbos redondos, parecidos a cebollas, que al extenderse bajo tierra, forman nuevas raíces bulbosas. Estas deben ser plantadas en turba y rica tierra a fin de obtener los mejores resultados, suprimiéndose el riego después de la época de las lluvias. Necesita varias horas de sol al día para que florezcan prolíficamente. A veces principian a florecer en enero y continúan hasta marzo; pero como regla general están en su apogeo en abril o mayo. Cada flor se mantiene fresca por varios días sobre la planta y nada da más satisfacción como flor cortada.

"Yerba Buena" (Hierbabuena)

Muy cerca de donde vivo hay una escuela elemental que en su patio exterior (en un cantero no muy visible) tienen sembradas muchas plantas de "yerba buena" (no sean mal pensados, por favor). Este es el tipo de planta conocida en este país como "spearmint", la cual a nosotros los cubanos nos encanta por su fragancia, y algunos más que otros la incluyen en sus traguitos y mojitos.

Pues bien, de este frondoso cantero tomé muchos "gajitos", los cuales sembré, se pusieron muy hermosos, y de mi siembra, pude repartir a familiares y amigos. Todo esto sucedió en la pasada primavera, pero vino el verano, y fue (o es, porque todavía no ha pasado) el verano más seco que recuerdo en Houston, Texas, y las hermosas plantas del cantero en la escuela comenzaron a secarse. Cuando lo noté me entristeció, pero entristecerse y no hacer algo para remediar la situación es tener parte de culpa. Entonces decidí ayudarlas, y por una semana completa, en las noches, cuando no había la interrupción de los niños, cargué agua, y sacié su sed. Las reviví poco a poco, y esta semana nos llegó la esperada lluvia, otra vez las plantas de hierba buena están en pleno esplendor. Ellas me entregaron su aroma, y con el aroma, recuerdos de nuestra tierra Yo, tuve la suerte de devolverles la vida. Esto también es felicidad.

Las plantas subacuáticas y la medicina

*P*lantaciones subacuáticas cerca de Vladivostok (Extremo oriente de Rusia) han comenzado a abastecer de preciosa materia prima a la industria farmacéutica. De Trepanas y de Laminaria cultivada, por ejemplo, se preparan extractos que aceleran los procesos de recuperación en los enfermos tras un prolongado tratamiento.

En el mar, a poca profundidad, se aclimatan también algunas especies de moluscos traídos de Australia y que contienen sustancias que mejoran la composición de la sangre.

Los animales y las plantas, ¿qué pueden hacer para su existencia? Ellos no tienen voz, y tienen que depender, sin saberlo, del hombre, el único que los destruye hasta su extinción, y también es el único que puede salvarlos.

En la foto, el autor siembra un árbol de mango en un bosque contiguo al Río Grande

Las mariposas

*L*as mariposas constituyen uno de los más vistosos grupos de insectos y, con excepción de las aves, uno de los más atractivos del reino animal. Sus hermosos colores se deben a las escamas o diminutas células modificadas que les cubren las alas y el cuerpo. A dichas escamas deben el nombre de "lepidópteros", palabra de origen griego que significa "alas con escamas".

Las Monarcas
Monarca de las mariposas

Se conocen más de cien mil especies de mariposas en el mundo y muchas de ellas, por sus migraciones, tienen una amplia distribución geográfica, como la especie nombrada *"monarca"*, que ha cruzado los países y se ha establecido en las zonas donde existen alimentos para sus larvas. A Cuba han llegado tres razas de esta especie, procedentes de Estados Unidos, Puerto Rico y Sudamérica.

Desde el punto de vista de sus hábitos, se han clasificado las mariposas en dos grupos: diurnas y nocturnas. Las primeras son las que ofrecen un colorido más brillante, y vuelan de día. En reposo, casi siempre colocan las alas verticalmente y las antenas terminan en un abultamiento característico en forma de maza, por lo cual se las nombra *"ropalóceras"*, palabra que en griego significa "antenas en maza".

Las mariposas diurnas son las menos dañinas al hombre puesto que, con raras excepciones, no atacan los cultivos.

Las mariposas nocturnas, como lo indica su nombre, son más activas durante la noche; sin embargo, algunas son de hábitos diurnos. Su colorido es generalmente menos brillante. Las antenas son en ellas de forma variada (afiladas, pectinadas, etc.), nunca terminadas en maza por lo que se las nombra *"heteróceras"*, término que en griego significa "antenas desiguales". Cuando están en reposo, colocan las alas en posición horizontal.

Las mariposas sufren metamorfosis, o cambios de forma, en su desarrollo. Son insectos ovíparos y sus huevos los ponen aislados o agrupados sobre las ramas o en las hojas de las plantas que servirán de alimento a sus larvas y orugas. El tiempo que tardan los huevos en desarrollarse es de tres a cuatro días generalmente.

En Cuba se han clasificado más de 177 especies de mariposas diurnas. Desde luego que este número se incrementa periódicamente a causa de las migraciones de muchas especies que llegan del continente o de otras islas. Actualmente sólo existen 18 especies que se consideran exclusivas de nuestra isla, y de ellas, las más vistosas y características son la *avellaneda* y el *gundiachianus,* ambas originarias de las provincias orientales y casi localizadas en esas provincias, especialmente la última, a la que únicamente se le ha visto allí y es muy abundante en algunas regiones. En la playa Sardinero, al este de Santiago de Cuba, y en la Sierra Maestra es una especie muy común.

En otra oportunidad les describiré como las "monarcas", unas bellas y grandes mariposas, viajan miles de millas y pasan el invierno "durmiendo" en densos y profundos valles de Centroamérica, y el misterio de cómo, sin haber estado en esos lugares, las larvas ya convertidas en hermosas mariposas, encuentran el camino a lugares donde nunca habían estado.

Año tras año, nuevas mariposas regresan al lugar de sus padres y abuelos. A veces, estos valles son pequeños bosques de no más de 2 millas cuadradas y en ellos se congregan muchos millones de mariposas. Son bellísimas, de color naranja rojizo brillante. Muchos las hemos visto en nuestros patios.

En el estado de Michoacán, México, existe el mejor y más famoso santuario para las mariposas Monarca. Allí, a finales del mes de octubre de cada año, llegan unos veinte millones de mariposas. En ese maravilloso santuario de mariposas hibernan. Poco a poco, debido al aumento poblacional en la zona, el número de las mariposas *Monarca* ha disminuido un 85%. Dios quiera que no continúen desapareciendo. El espectáculo de la llegada de las mariposas *Monarca* es tan bello y emocionante que no se puede olvidar jamás.

Ustedes, los lectores que han tenido el valor y la osadía de llegar hasta este punto en el libro, les quedo agradecido, y al mismo tiempo los felicito, porque han demostrado, y se han demostrado a sí mismos, que realmente aman a los animales, *Con Pasión.*

Las únicas maneras de ayudar a las mariposas, es ayudándolas a abastecerse de comida, o sea **SEMBRANDO FLORES**. El alimento principal de ellas es el néctar de las flores y, al mismo tiempo que las ayudamos, estaremos ayudando también a las abejas y a nosotros mismos, porque estos insectos son polinizadores, y sin ellos perderíamos nuestras cosechas y nuestros árboles frutales. Debemos sembrar flores en nuestros jardines y patios, y hasta las flores silvestres las ayudan, como por Ej. EL CARDO (Thistle en Inglés), EL CÁÑAMO SILVESTRE (Bastard Hemp), la ALFALFA (alfalfa o Lucerne), el TRÉBOL ROJO (Clover), la VARA DE ORO (Tuberose o Jacinto Oriental), la LANTANA (Lantana), la LILA (Lilac)...

RODEANDO NUESTRAS CASAS CON FLORES, FLORES, Y MÁS FLORES, se verán mucho mas bellas, y estaremos ayudando a las MARIPOSAS MONARCAS y... **NO USANDO PRODUCTOS QUÍMICOS EN SUS JARDINES:** Los productos químicos (no importan cuales sean), son un VENENO para las mariposas y las abejas. Muchas personas lo usan para controlar las hierbas silvestres, pero el daño que le están haciendo al medio ambiente es grande, y el daño que les hace a los insectos es irreversible. Inclusive, **RECUERDE** que las flores silvestres también son parte de la dieta de las mariposas y de las abejas.

Una nota curiosa: ¿Sabían ustedes que las mariposas ponen huevos? Pues sí, ellas ponen huevos, tan pequeñitos, que para verlos necesitaríamos un microscopio. Esos huevecillos son fecundados por el macho, y después se convertirán en orugas, y los depositan en las hojas de las plantas y árboles.

Y otra curiosidad: Todas las criaturas y todo lo que existe ponen huevos. En los árboles, son las semillas. Hay huevos que terminan su fecundación fuera del cuerpo, y hay otras criaturas, cuyos huevos crecen y son fecundados dentro del cuerpo, como los de los mamíferos.

Y otra curiosidad: (Que yo conozca) las únicas criaturas que le quitan la vida, (o la oportunidad de vivir) a sus huevos, son los humanos.

Mariposa avellaneda (Phoebis avellaneda)

Mariposa Monarca (Danaus plexippus)

La salvación de la princesa

ra una bella Mariposa diurna, llena de vida y colores. Cuando abría sus alas, más bien parecía que el Astro Sol se había reducido en tamaño y ahora brillaba con luz intensa.

Ya había oscurecido y la bella Mariposa Princesa dormitaba tranquilamente en la copa de un enorme roble. Sintió un ruido y unas ramas moverse. Un gato montés trepaba el árbol, al parecer tenía mucha hambre, y en ese estado, esos animales, devoran todo lo que puedan agarrar. ¿Qué hacer? pensaba la hermosa Mariposa soñolienta. ¿Qué hago? La visión nocturna de estas mariposas Princesas es muy débil. Así y todo, extendió sus alas, su cuerpo temblaba de pánico, el ruido aumentó, el gato montés se acercaba, mirando, husmeando, oliendo, la Mariposa tomó una decisión: levantó el vuelo, a ciegas, casi sin saber qué haría.

Había luna llena, eso la ayudó un poco, y cuando pudo salir de entre las ramas del frondoso roble, divisó un débil resplandor amarillo. Pensó que quizás era el Sol que se estaba nublando, y decidida voló hacia él; la Luna, que ya habíamos explicado alumbraba esa noche, brillaba con luz intensa, se veía grande, acogedora y decididamente impresionante en esa noche.

La mariposa, voló apresuradamente hacia su pequeño Sol, llegó a él, y para su sorpresa no era un Sol nublado, pero aunque no emitía calor, al adentrarse en el, se protegió un poco de la frialdad de la noche, y ¡OH! maravilla, tenía el alimento que necesitaba, tenía polen, casi no podía creerlo, había encontrado refugio, protección y polen, allí durmió esa noche, agradeciéndole a la Divina Providencia de haberla salvado del peligro y brindarle protección y alimento. Pero algo también había cambiado, ya la flor, no existía, había muerto, solo había durado una sola noche, como si Dios se la hubiera colocado en ese sitio para ayudarla. Les dio gracias a las fuerzas misteriosas del universo, y levantó su vuelo, ahora, bajo la luz solar, y contempló las miles de otras flores que la esperaban para continuar su peregrinaje.

Ahora, la mariposa fluiría como el agua y encontraría muchos jardines en su camino, y sería feliz, ya que si Dios le extendió un puente para su salvación, era porque ella, también era hija de Él, y deseaba que fuera feliz.

Celso Alonso

La flor que encontró la Mariposa Princesa en la oscura noche donde sufrió las adversidades, es la Flor de la Pitaya, bella flor de color amarillo, (casi en su totalidad) que florece una sola vez en la vida de la Planta, y demora años para su florecimiento, y solo abre su bellísima flor cuando hay en Luna llena.

El sinsonte, obra de arte de la naturaleza.

El Sinsonte, conocido en los Estados Unidos como el Mockingbird, es un pájaro pequeño de colores banco, gris y negro, no muy llamativo. La razón por la cual es tan conocido, es por su bello canto, y su capacidad para imitar el canto de otros pájaros.

Ama al Sol y canta a la felicidad, conoce sus limitaciones y peligros, pero no duda en arriesgar su vida para defender sus polluelos. Es muy útil al hombre porque es insectívoro, consumiendo grandes cantidades de mosquitos y se ha convertido en una gran ayuda para los campesinos, combatiendo las plagas en los sembradíos.

Ama la libertad y muere si es guardado en cautiverio. El Sinsonte es obra de arte de la naturaleza. Si todos fuéramos convertidos en Sinsontes habría más felicidad, o al menos habría menos asesinatos y abusos con los hijos; cuidaríamos más nuestros nidos.

Ellos con sus cantos, dicen: *viva la vida*.
Yo diría: *vivan los sinsontes*.

En esta espectacular fotografía podemos observar a un pequeño y valiente sinsonte (*mockingbird*) arriesgando una vez más su vida atacando un ave de rapiña, el Caracara, de mucho más tamaño que el valiente pajarito, que defiende su nido que está cercano al lugar donde se posó el Caracara.

CAPÍTULO 4

Cortos de alrededor del planeta

Reykjavik, Iceland.
Mi Trono por mi perro

El Ministro de Finanzas en esta ciudad, Albert Gudmundson, declaró que prefiere afrontar las consecuencias de que lo acusen y lo procesen, pero que bajo ninguna circunstancia abandonará a su perro. *"Primero, renunciaría a mi puesto de Ministro"*.

En esta ciudad de Islandia no permiten tener perros (razón desconocida, trataremos de averiguarlo) y el Señor Gudmundson agregó: *"Este perro ha sido y es como un miembro de la familia, y no lo abandonaré"* ¡Bravo por el Señor Gudmundson, que no traiciona a los que lo quieren!

Mejía, Perú

De entre los cientos de especies de aves migratorias que conocemos, podemos afirmar que las aves marinas (pájaros que viven a la orilla del mar, lagos, ríos, etc.) son las que más distancias cubren en sus migraciones. Cada año, millones de ellas migran del norte al sur de nuestro hemisferio y viceversa. En estos extensos viajes, los esfuerzos y vicisitudes por las que pasan estos pájaros es increíble, por lo cual necesitan lugares donde descansar y alimentarse. La pérdida de solo uno de estos lugares (que ya los pájaros conocen y usan hace cientos de años) son descalabros ecológicos de mayores proporciones, ya que en uno solo de estos sitios, cientos de miles de aves de diferentes especies, descansan y se alimentan, y la pérdida de estos "escondites" significaría la muerte, no de un pájaro o cientos de ellos, sino el exterminio de algunas especies.

Las lagunas en Mejía, en el Perú, son unos de estos lugares, estas lagunas y pantanos están situadas al sur del Perú, en la costa del Pacífico, y están rodeadas en tres lugares por desiertos y por el otro, el océano. Hoy en día, debido al desarrollo comercial, este sitio está en peligro de desaparecer.

El gobierno del Perú declaró el área, este año, un Santuario Nacional, pero falta mucho por hacer, y muchas organizaciones están trabajando para ello. Espero lo logren, y felicitamos al Gobierno del Perú por tan altruista iniciativa.

Gracias Perú.

Frankfurt, Alemania (Libre)

Buenas noticias nos llegan desde Alemania. Dos chimpancés capturados en África, para someterlos a pruebas de laboratorio, fueron confiscados por las autoridades alemanas, y sus secuestradores penalizados. Estos malvados traficantes los habían transportado sin permisos, escondidos en dos sacos en el maletero de un carro. Estaban ya a punto de morir por falta de respiración cuando los encontraron, y después de atenderlos debidamente en el Zoológico de Frankfurt, los primates fueron trasladados a un Centro de Rehabilitación en Senegambia, Africa Occidental, para después, devolverlos a la selva. Nuestros reconocimientos a las autoridades aduanales de Alemania (Libre).

New Jersey, U.S.

Un mono joven de la especie de los *macaques*, que se encontraba en ruta hacia la base área Holloman en New México para ser sometido a pruebas de toxicología (envenenamiento), escapó de la caja que lo aprisionaba utilizando todas las fuerzas que le quedaban, uñas y dientes. Tal era su desesperación. Una organización de New Jersey, *"Asociated Humane Society"*, fue avisada, y el monito pudo ser capturado, pero el director de la organización, Mr. Lee Bernstein, no lo entregó a

los verdugos que querían llevárselos para someterlos a las pruebas, el monito aún se encuentra
en poder de la *Associated Humane Society* y le
han dado por nombre Freeman (Hombre Libre)
por haber logrado su libertad. Ahora quedará un
juicio pendiente y el futuro de Freeman lo decidi-
rá un juez. El Señor Lee Bernstein declaró, *"nunca
lo entregaré para que lo torturen"*. ¡Hurra por Bernstein!

Derroche de dinero en California

Si usted tiene problemas económicos, ¿y quién
no los tiene?, les daré un ejemplo de cómo el
gobierno federal derrocha el dinero de nuestros
impuestos en torturar a los animales sin ninguna razón altruista o lógica, sino todo lo contrario,
lo hacen con el único propósito de aumentar sus
buenos ingresos. En el día de ayer llegó a nuestras
manos un reporte de la organización *"Save the
Animals Fund, Inc."* de California, que a un tal Dr.
Gaylord Ellison, sicólogo de la Universidad de California, en Los Angeles (UCLA), le han estado en-
tregando 30,000 dólares cada año, por los últimos
19 años, para averiguar cuál es el efecto del alcohol en las ratas (19 años emborrachando ratas).
¿Pueden ustedes imaginarse mayor estupidez? Y
no me vengan con el cuento de que ha sido para

averiguar los efectos del alcohol en los cuerpos, porque podrían darse el lujo de recoger en las calles de nuestras ciudades a mayor cantidad de borrachos, enfermos y alcohólicos. Con esto se me ocurre una idea. En vez de darle la bebida a las ratas, pongan un anuncio en el periódico que van a regalarla al público y verán las multitudes que se van a presentar para ingerirlas. Así podrán hacer sus averiguaciones más exactas, y a la vez hacer felices a unos cuantos espíritus alegres.

Y… ¿qué hacen en Inglaterra con los gatos callejeros?

Hasta ahora, los mataban, pero el pueblo inglés, cansado ya de este injusto proceder, ideó un nuevo sistema que han puesto en práctica con la cooperación del Gobierno de Londres. Todo comenzó en el año 1977, cuando se organizó el *Cat Action Trust*, con el propósito de esterilizar a los gatos. Tanto fue el éxito obtenido que el gobierno de la ciudad ha decidido cooperar y estudiar el resultado del mismo. Actualmente los capturan, los operan, los vacunan y los ponen en libertad en el mismo lugar en que los capturaron. Nuestras felicitaciones a los ingleses y, de paso, ¿por qué no copiamos el ejemplo y hacemos lo mismo aquí en U.S.A.?

Un dentista muy especial

El Zoológico de la Ciudad de Houston, es un buen zoológico, no es el mejor, pero es bueno. Entre sus especialidades se conoce porque trata de traernos a los habitantes de este ciudad, siempre algo especial. Hace algunos años, tras muchísimos esfuerzos, nos trajo un enorme y fiero cocodrilo, enorme, directo desde África. Es un ejemplar bellísimo, si a esos animales se les puede llamar bellos, capturado en el mismo Río Nilo, famoso río por su majestuosidad, y porque en sus aguas están los ejemplares más enormes de cocodrilos. Éste medía más de quince pies de largo, no era de los mayores, pero su agresividad no era superada por algún otro.

La persona encargada de alimentarlo, hizo notar que el animal no se estaba alimentando. Como es natural pensaron que se debía a que no se acostumbraba a su nuevo ambiente o lugar en que se encontraba, no era su río Nilo.

En el barco en que lo trajeron (como casi siempre ocurre), habían venido como "polizontes" otros animales, algunas pequeñas culebras, cucarachas, pájaros, y sabe Dios cuales otros pequeños animales.

Los expertos cuidadores de los animales en el Zoológico ya se estaban preocupando. Ya habían transcurridos dos semanas y aquel enorme ejemplar de cocodrilo, continuaba sin ingerir bocado. Le echaban pedazos de carne, pollos (ya muertos, por supuesto) y toda clase de otros animales que ellos pensaran le gustaría al cocodrilo, pero nada, no los comía.

Uno de los asistentes lo observó por mucho rato con unos prismáticos, y notó que cuando abría la boca (estoy hablando del caimán) éste tenía como una semilla grande incrustada en la mejilla, junto a los mortíferos dientes, que seguramente le estaba produciendo un espantoso dolor. Se lo comentó al Director de los Veterinarios, que comenzó a pensar cómo adormecer al animal para que el dentista pudiera hacer el trabajo, ya que aquella semilla enorme había comenzado a dañar la dentadura del cocodrilo, que a la vez, se comportaba con más agresividad, claro, debido a su problema. ¿Quién no se pone gruñón y agresivo con un dolor de muelas?

Al día siguiente, ya habían conseguido al dentista, habían ajustado la cantidad de anestésicos que seria necesario, y se disponían a realizar la "operación". El enorme caimán abría y cerraba las fauces constantemente, la aguja sería disparada con gran fuerza para que penetrara lo suficientemente a través de la gruesa armadura que es la piel de los cocodrilos, pero, que al mismo tiempo, no le penetrara en algún órgano y pudiera causarle la muerte. Ya le apuntaban, cuando vieron que el animal abrió las fauces. No las cerró inmediatamente como hacía de costumbre, y se puso en una posición frente por frente a ellos, o sea, no le podían disparar.

De pronto un pájaro voló hacia él, entró en su enorme boca, y comenzó como a limpiarle los dientes. El cocodrilo no se movía. Sabía lo que el pájaro estaba haciendo, y lo permitía. El pájaro llegó donde estaba la semilla, picó en ella varias veces y poco a poco la fue extrayendo, hasta que la desalojó por completo y continuó limpiándole los dientes al cocodrilo. Cuando acabó, voló primero a un árbol y después se marchó, alegremente. El caimán se dirigió a uno de los pedazos de carne que le habían tirado y se lo comió como un pequeño perro caliente. Desde ese momento en adelante, devoraba sus alimentos todos los días.

El pájaro, seguramente, era uno de esos pájaros que hacen lo mismo (limpiarles los dientes a los cocodrilos en el río Nilo), y había venido de **"polizonte"** en el barco desde África.

Y ahora... "¡Colorín, Colorado!... ¡Este cuento, se ha acabado!"

Una Joya llamada España

Multifacética y bella, creada por la historia y embellecida por la pluralidad. Sus hijos, a través de los tiempos, han demostrado arrojo y osadía, creatividad y orgullo, belleza y abolengo, pero por desgracia, una de sus facetas la perjudica, la crueldad para con los animales.

Don Ricardo Horcajda (Socio Fundador de la *Asociación Contra la Crueldad de los Espectáculos*), español de alto prestigio en su país, declaró: *"Nadie que se precie de civilizado admitirá que un semejante pueda morir (como Paquirri) y torturar a esplendidos animales, para las bajas pasiones de una tribu que necesita el rito de la sangre para la majeza feroz de una raza antigua y áspera, pero también dulce y tierna".* Y en otro párrafo agregó: *"Los toros son un espectáculo cruel y cruento. Cruel porque hace sufrir por motivos de complacencia, y cruento porque se derrama sangre en una tortura gradual planeada para la muerte. Una cultura bien orientada y mejor dirigida, es aquella que educa nuestra sensibilidad. Y una persona sensible deja de serlo en cuanto se produce la suerte de varas, en la que un antiestético y pobre picador de descompuesta y cómica figura montado casi en una sepultura herida y reventada de dolor empieza a llenar el coso de salpicaduras y cuajarones de sangre".*

En la composición fotográfica que se muestra a continuación, podemos observar la infame crueldad que se desarrolla en las llamadas "romerías", o fiestas de los pequeños pueblos de España. Atados en estacas de maderas (enterradas en el suelo), colocan a muchos conejos (liebres) vivos, y la diversión de los españoles consiste en tirarles piedras hasta causarles la muerte. A veces estos indefensos animalitos deorar mucho en morir, después de haber sufrido la fractura de sus miembros, mutilaciones o de haber perdido un ojo tras un golpe brutal con las piedras. ¿Se puede considerar a este pueblo, un pueblo civilizado? En la pqeueña fotografía insertada, se observa con qué meticulosidad sadista los patrocinadores de estas fiestas tan generalizadas en España, escogen con cuidado las piedras para poder causarle bastante dolor y daño a los pobres animalitos.

Otro triste ejemplo de la cueldad extrema de los españoles hacia los animales puede ser vista en la siguiente fotografía de las llamadas "Fiestas de Gore", en España. En este caso, los organizadores de estas llamadas "fiestas" amarran a muchas aves vivas por las patas, a una soga que atraviesa la plaza. Entonces los participadores, montados a caballo, y al galope, se dirigen hacia donde están amarradas las aves, y al llegar a ellas (qué cosa más horrible), sin aminorar el paso, las agarran por el pescuezo y tratan de arrancárselo. A veces fallan, y entonces vendrán otros que lo logran. En muchas oportunidades, variso intentos se repiten, y las pobres aves, con sus cuerpos ya mutilados, tienen que esperar que venga uno de los héroes a caballo, y le arranque, de un solo tirón, el pescuezo y la vida, para poder descansar en paz y la libere del martirio.

Pero mientras, en España nacen seres con el alma pura, dulce y amorosa, como la de Juan Ramón Jiménez (Premio Nobel) que en su libro *"Platero y yo"* escribió (hablándole a su burrito): *"Tú, si te mueres antes que yo, no irás, Platero mío, en el carrillo del Pregonero, a la marisma inmensa, ni al barranco del camino de los montes, como los otros pobres burros, como los caballos y los perros que no tienen quien los quiera"*.

"Y te enterraré al pie del Pino que a ti tanto te gusta", "Y todo el año los jilgueros, los chamarices y los verdones te pondrán, en la salud perenne de la copa, un breve techo de música entre tu sueño tranquilo y el infinito cielo azul constante de Moguer".

Y cuando murió Platero, escribió:

"Cantaban los chamarices allá arriba, en la cúpula verde, toda pintada de cenit azul, y su trino menudo, florido y reidor, se iba en el aire de oro de la tarde tibia, como un claro sueño de amor nuevo", y después continuó:

"¡Platero mío! le dije yo a la tierra, si como pienso, estás ahora en un prado del cielo y llevas sobre tu lomo peludo a los ángeles adolescentes. ¿Me habrás, quizás, olvidado? Platero, dime, ¿te acuerdas aún de mí? Y cual contestando mi pregunta, una leve mariposa blanca, que antes no *había visto, revolaba insistentemente, igual que un alma, de lirio en lirio".*

Una tierra que trae al mundo estos gigantescos valores espirituales, que con sus pensamientos, tocan el cielo, no puede ser eternamente cruel.

Están envenenando el aire que respiramos

$\mathcal{N}$os están envenenando poco a poco por el afán del poder y la avaricia de la riqueza. Los primeros en morir serán los peces, después las aves, y con los mamíferos comenzaremos nuestro descenso inexorable a una muerte segura.

Ya ha comenzado el proceso, es un camino largo y cuajado de enfermedades, miles de personas han muerto, millones de peces han perecido e incontables aves están a punto de ser exterminadas, entre ellas la majestuosa Águila Americana.

Tristemente célebre son las nubes químicas venenosas que se han mantenido suspendidas sobre muchas ciudades como Los Ángeles, New York, Chicago, Houston, Valle del Mosa (Bélgica) y esta última data del año 1930. En Londres, en el año 1952, era tanta la proporción de veneno químico que flotaba y se mantenía sobre la ciudad que se calcula en más de 4,000 las defunciones atribuidas a la contaminación (*smog*) del ambiente, en aquella ocurrencia.

El viento, como todos sabemos, puede dispersar los agentes contaminantes y venenosos emitidos en una zona determinada, e incluso los trasporta lejos de su punto de emisión. Su dirección y velocidad están en función de los cambios de temperatura. Pero, ¿hasta qué punto hemos llegado que tenemos que esperar que un cambio de viento nos aleje del peligro de tener que respirar esas toxinas químicas?

Las consecuencias de la contaminación atmosférica a largo plazo en el ser humano son enfermedades y muertes. Entre las enfermedades que con mayor frecuencia se asocian a la contaminación (*pollution*) del aire, merecen destacarse las lesiones broncopulmonares: bronquitis, asma, y enfisema. Hipócrates, el padre de la medicina, decía: *"El aire puro es el primer alimento y el primer medicamento".*

La piel es un tercer pulmón, a la vez que un tercer riñón, absorbiendo normalmente la cuarta o quinta parte del oxígeno que necesitamos y expeliendo en análoga proporción los desperdicios de nuestro desgaste orgánico. La salud total solo es posible con sangre pura y la normal circulación de la misma en todo el organismo humano. Salvo herencia malsana, la sangre se impurifica o envenena respirando aire impuro u otros tóxicos. Alterada la composición y circulación de la sangre, todo el cuerpo sufre las consecuencias.

La contaminación del aire no se debe a un solo agente contaminante, sino que por lo general existe una acción combinada de varios de ellos, cuyas interacciones y efectos son aún poco conocidos. Todo esto dificulta los estudios médicos y epidemiológicos de la contaminación atmosférica.

Tenemos entonces que el proceso de toda enfermedad o afección física pudiera ser solamente el producto de un envenenamiento a través de los pulmones. Con la sangre alterada, envenenada o enferma, no puede existir la salud.

Esto, a grandes rasgos, ilustra cómo nuestro organismo sufre físicamente a causa de la contaminación, y cómo, poco a poco, irán aumentando las víctimas, hasta que el proceso se convierta en irreversible.

Pero ¿hasta dónde la civilización ha retrocedido en este envenenamiento masivo?

Explicado ya el proceso de cómo nuestro cuerpo y otros seres vivientes enferman y mueren a causa de la contaminación del aire (polución) sobre las ciudades, veremos ahora que esa contaminación que el viento ha transportado a lugares recónditos de la tierra y el mar, vuelve a nosotros, pero tan mortífera como cuando suspendida sobre nuestras ciudades y pueblos destilaba el veneno químico en forma de nube y formando parte del aire que respiramos. Hoy día, la mayoría del noreste de los Estados Unidos y Canadá sufre de lo que comúnmente se denomina lluvia ácida (*acid rain*), que es la misma contaminación que flotaba sobre las ciudades y fue transportada por los vientos a lugares lejanos y descendió a los bosques, lagos, montañas, etc., unido y convertido en lluvias, que a veces llegan a alcanzar una acidez de hasta veinte a cuarenta veces mayor que la normal, dicho en forma sencilla. Estas lluvias, al descender, producen el efecto como si en vez de agua, lo que estuviera cayendo fuera vinagre, jugo de limón, y en casos extremos ácido de los acumuladores. Y esto, estimados lectores, no es una exageración, es sencillamente la realidad de lo que estamos padeciendo. Esta lluvia ácida ya ha caído y va aumentando su regularidad en California, el sureste de los Estados Unidos, las montañas rocosas o rocallosas, y el oeste Canadiense.

El daño se ha extendido a edificios, estatuas, carreteras y puentes, o sea si el concreto y el acero ya están sufriendo estas consecuencias, ¿pueden ustedes imaginarse el daño que estamos sufriendo nosotros? Cientos de lagos, aquí en nuestro país, son tan ácidos debido a las lluvias contaminadas que les han caído por años, que sus aguas son tan venenosas que ningún tipo de vida puede sobrevivir al contacto continuo con ellas. Todos sus peces han perecido e inclusive las plantas acuáticas han muerto, y como consecuencia las aves que se alimentaban de ellas, también han perdido sus vidas, mas miles y miles de animalitos que después de largas jornadas buscando el agua para apagar la sed, solo encontraron la muerte por envenenamiento. Muchos de los efectos de estas lluvias ácidas y malsanas, es irreversible.

El doctor Michael Oppenheimer, físico y atmosférico del EDF y Robert Yuhnque, abogado del EDF en Denver, testificaron ante un comité del Senado a favor de la *Ley Nacional de aire Puro* y probaron que grandes peligros para la salud humana originados por la contaminación y la lluvia ácida van a aumentar en decenas de miles las muertes en este país, es decir, las muertes directas por enfermedades de este tipo, sin contar las muertes indirectas causadas por ingerir alimentos que han sido expuestos a estos venenos, como peces y aves que han sido víctimas de ellos, pero que aún no contienen en sus cuerpos la dosis letal, que día a día va en aumento. Peligros mayores se avecinan.

Para evitarlos, según el Dr.Yuhnque,se necesitaría, primero, reducir la emisión total del dióxido de sulfuro de las plantas industriales que producen electricidad; segundo, mantener los controles de la emisión de gases automovilísticos, como el nitrógeno; y tercero, requerir que el estándar de salud nacional imponga límites a la contaminación emitida por las plantas industriales de otros tipos, lo cual, tecnológicamente no es difícil de lograr, pero para lo cual se requiere que estas grandes corporaciones se gasten unos cuantos millones de dólares en equipos e instalaciones, que reducirían sus ganancias el primer año.

La situación de contaminación de las aguas se agrava cada día, el porcentaje de oxígeno en el Báltico ha llegado ya a un nivel tan bajo que ciertas zonas pueden considerarse muertas. En los próximos veinte años el Mediterráneo corre el riesgo de quedar contaminado pues no posee la capacidad autodepuradora del Atlántico o del Pacífico.

Si envenenamos la fauna marina y los productos del mar, nos privaremos de su fuente de alimentación extraordinaria. Ya hemos descubierto que la naturaleza no es un bien inagotable, sino una fuente de tesoros que tenemos que proteger como el más importante a nuestro haber. La naturaleza es extremadamente frágil y corre un riesgo inmediato de cambios irreparables que la conducirían a la desaparición en su forma actual, bella, fragante y proveedora de cuanto necesitamos. La lluvia ácida (*acid rain*) es, indiscutiblemente, la lluvia de la muerte.

El lago Erie, que se encuentra entre los Estado Unidos y Canadá, rodeado de las grandes poblaciones de New York, Pennsylvania, Ohio, Michigan, en los Estados Unidos, y de la provincia de Ontario, en Canadá, tiene 240 millas de largo y unas 5 millas de ancho, y a pesar de que grandes y fuertes vientos cruzan sobre el mismo y que su profundidad alcanza hasta 210 pies, está tan contaminado que está prohibido bañarse en el mismo. Así que muchas zonas no solo están muertas, sino que el hombre ha conseguido hacer desaparecer la vida y convertir en inmundicias venenosas lo que antes fue una fuente de vida y de belleza.

Aquí mismo, en las costas de Texas, hemos perdido más de 600,000 acres de tierras costeras y desembocaduras de ríos debido al afán de destrucción y explotación sin considerar que estas mismas tierras, pantanos y desembocaduras, contribuyen al proceso de vida y alimentación al cual nosotros, con el resto de los animales, estamos sujetos.

La biosfera (esfera de vida) es donde se desarrollan ininterrumpidamente el ciclo de la existencia y todos los fenómenos del metabolismo, lugar donde todos los organismos nacen y mueren, y se van formando las cadenas alimenticias en un gigantesco ciclo biológico. Todo se inicia con la energía solar, que constituye la verdadera y única fuente de vida. A partir de ahí, las plantas realizan el proceso de la fotosíntesis, donde convierten la materia muerta en materia viva u orgánica, liberando el oxígeno que respiramos.

Tenemos que proteger a las plantas y a los animales, tenemos que salvar a la biosfera, si queremos salvar a la humanidad.

ET.
¿Existen los Platillos Voladores (U.F.O.)?

Al parecer sí existen, pues ha habido infinidad de testigos presenciales como pilotos, técnicos de radar, autoridades policíacas y muchos otros individuos que han declarado inclusive haber sido transportados por un pequeño período de tiempo en las naves espaciales. De existir esos seres extraterrestres serían sin duda alguna de una inteligencia muy superior a la nuestra. Se podría asegurar que la inteligencia de ellos, comparada a la nuestra, sería como comparar la inteligencia humana con animales como los cocodrilos, jicoteas o serpientes, ya que al parecer, esos seres extraterrestres pueden comunicarse por ondas invisibles, e inclusive pueden leer nuestros pensamientos, según confesión de algunas personas que han dado pruebas de haber estado en contacto con dichas criaturas.

Si todo esto fuera cierto ¿Qué ocurriría con la raza humana? ¿Qué nos sucedería si estos seres fueran carnívoros y decidieran que de todos los animales de la tierra, fuéramos nosotros los más apetecibles? ¿Nos criarían como al ganado? ¿Separarían a los niños después del primer año para devorarlo como una exquisitez? ¿Nos someterían a pruebas de laboratorios donde nos torturarían sin piedad hasta hacernos morir recibiendo en este caso la muerte como el único escape a tan horrible y desesperante sufrimiento?

Esperemos que si esta pesadilla ocurriera algún día, al menos, cuando nos sacrifiquen para devorarnos, lo hagan de una forma rápida e indolora. Si ellos son tan inteligentes para otras cosas, al menos deben serlo para comprender que nosotros sentimos el dolor y el sufrimiento. ¿Qué menos podemos pedir que una muerte rápida y piadosa?

Aunque nos parezca sorprendente, estas horribles, inhumanas y aborrecibles pruebas se siguen efectuando por millones con animales vivos todos los años en los Estados Unidos, en Rusia y en China países que se supone sean en el mundo de los más adelantados en las ciencias. Las universidades y los laboratorios médicos y farmacéuticos han ignorado las otras alternativas que se pueden usar, y que han sido puestas en práctica en Europa, para no seguir torturando inmisericordiosamente a estos seres vivientes: alternativas como embriones de pollos, fetos de mamíferos, células fabricadas en laboratorios, computadoras, etc., todo esto se usa ya en muchos países de Europa. También estos seres extraterrestres podrían dedicar su inteligencia a buscar métodos más modernos sin torturarnos en los laboratorios, introduciendo gérmenes en nuestros cuerpos hasta que las carnes se nos caigan en pedazos, o quemando nuestras pupilas con ácidos hasta que el dolor, como bendición, nos haga perder el sentido. Sí, gracias a Dios, ya existen alternativas que se pueden usar para esas inmisericordiosas pruebas, porque si ya existen pueblos europeos que las usan, tendríamos que suponer que esos seres superdotados lo sabrían, y no serían tan crueles como para hacernos sufrir tan horrible suerte por placer o por apatía.

Esperemos que los extraterrestres existan, pero que sean mejores que la raza humana, y que nos traten bien, porque de la única forma que podríamos rezar y pedir a Dios que tenga piedad de nosotros es si nosotros cambiamos nuestra forma de ser y comenzamos teniendo piedad hacia los animales.

Naturaleza Intrínseca
Lectura para Usted, que busca la verdad

Qué es el valor intrínseco? Según el diccionario de la Real Academia de la Lengua Española, es una palabra que viene del latín "intrinsecus" que quiere decir "interiormente, íntimo, esencial", o sea, es el valor que un algo tiene de por sí, a diferencia del convencional que deseamos o podamos darle.

Partiendo de este punto, cabe preguntar: ¿cuál es el valor intrínseco de cada niño, de cada anciano, de cada persona? ¿Cuál es el valor intrínseco de cada perro, cada gato, caballo, animal, ave?

La respuesta es muy sencilla. Es un cien por ciento para esa persona, animal o ave. Carece de importancia quiénes somos, cómo somos, lo que somos. Nuestro valor corresponde al máximo de nuestros sentimientos y sensaciones sin importar nuestra inteligencia; cuando nadie se preocupa de un ser viviente, ese mismo ser viviente está preocupándose por él y su bienestar personal.

Así Dios hizo al mundo, ya que es el único medio que existe de preservación y continuación. El concepto de vida superior o inferior solo está en la mente de cada individuo singularmente.

El gusano de tierra, al cual generalmente se le considera un ser "inferior", tiene un valor incalculable para la vida terrestre, ya que sin él, la vegetación y los sembrados, tal y como los conocemos, no existirían y no hubiéramos podido desarrollar nuestra civilización hasta el grado que ha alcanzado ¿Podemos entonces llamarle al gusano un ser inferior? No. Diferente sí, inferior no, ya que somos incapaces de realizar la labor que la naturaleza le entregó a ellos, los gusanos, como tarea.

El valor intrínseco es la suma de todas nuestras posibilidades y solo existe una circunstancia y un sentimiento que supera este valor esencial, todos lo hemos sentido en alguna oportunidad: es el Amor, ya que por Amor estamos dispuestos a sacrificar nuestros propios cuerpos físicos en beneficio de otro ser viviente, o grupo de ellos.

¿Quién no daría su vida por un hijo? ¿Quién no sacrificaría su existencia por el ser querido? Y en estos casos le estamos dando crédito a esos seres queridos por más del valor intrínseco de nosotros mismos.

Pero estos mismos casos de sacrificio personal los hemos visto en los animales, cuando defendiendo a sus cachorros se enfrentan a peligros sin importarles el daño a que se exponen al hacerlo. Las afortunadas personas que se criaron en el campo, han sido testigos de estos casos. En muchas ocasiones, es algo realmente excepcional ver a una indefensa gallina enfrentándose a un perro o a un gato o a cualquier otro animal que amenace o agreda a sus polluelos. Ella, la gallina, en esos momentos está dando más, mucho más de su valor intrínseco, está dando más del cien por ciento de su naturaleza, está dando su vida y muchas más vidas si pudiera. No le importa arriesgarse. ¿Qué la guía? Una sola cosa, el Amor.

Claro, habrán muchos incrédulos que objetarán que lo hacen por instinto. Sí, yo les contestaría que tienen razón, pero es el instinto del Amor que Dios puso en sus cerebros, al igual que lo puso en los nuestros. No se puede dudar que hay animales que cuidan mucho más a sus crías, pero todo depende del tiempo que esas crías necesiten para poder defenderse en la vida. Nosotros mismos, los humanos, entre los pueblos primitivos de Africa y América del Sur, cuando los niños llegan a la adolescencia ya tienen que independizarse y arreglárselas como puedan; pero en nuestra sociedad, donde para lograr un éxito personal se necesita una preparación técnica más compleja, es ya bien entrado en los veinte años cuando podemos considerar que están bien preparados para enfrentarse a la selva de concreto que hemos creado donde, después de luchar por muchos años, ese adolescente ya adulto, comprará una casa en los suburbios para sentirse más cerca de la naturaleza de la cual nuestra sociedad lo está separando.

El humano podrá continuar destruyendo los bosques, los *hábitats*, y envenenando nuestra atmósfera y nuestras aguas, podrá continuar asesinando nuestros animales por "*sport*", o torturándolos en los laboratorios; podrá continuar perpetuando la crueldad de los coliseos romanos con las corridas de toros o las peleas de gallos o de perros en nombre de la diversión, pero debemos recordar que el valor que le estamos dando a esos seres vivientes es muy inferior a sus valores reales, los cuales, como Dios dictó, es la suma de todas sus posibilidades, es el valor intrínseco de ellos, es el cien por ciento de sus cuerpos físicos más el valor del Amor.

Y como dijera el famoso norteamericano Walt Whitman (1819-1892): "*El que camina una sola legua sin amor, camina amortajado hacia su propio funeral*".

¿Cuál es el valor intrínseco de un niño?

¿Cuál es el valor intrínseco de un animal?

*Le recomiendo (para su propio beneficio), que antes de maltratarle o destruirle, debe preguntarle a **DIOS**.*

¿Quedan aún esperanzas?

En la quietud de un bello lago

En un lago conocido como Lake Olmstead, cerca del pueblo de Augusta en el estado de Georgia, "un gracioso" para divertirse, le clavó una flecha a un pobre pato. El Señor Dick Thompson, residente de la localidad que fue quien puso los patos en el lago, está tratando de capturarlo para curarlo, si es que se puede. Estas son las acciones en que nos preguntamos: ***¿Quedan aún esperanzas?***

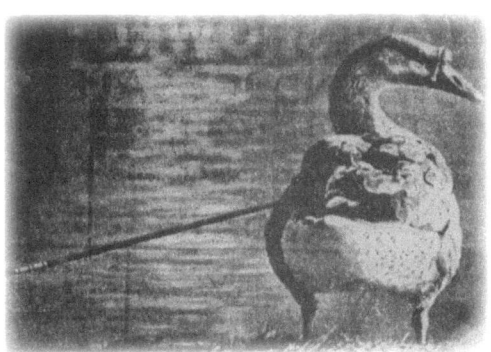

Comisarios rusos se comen a Bambi

La agencia noticiosa *Deutche Presse* informó que en la región de Crimea, en Rusia, la compañía cinematográfica Yalta estaba haciendo una película con la producción "Bambi" pero tuvieron que suspenderla por un tiempo ya que los cuatro venaditos que estaban siendo usados terminaron en la mesa de los comisarios del pueblo (así lo reportó un periódico ruso). Después de este triste incidente, el ejército ruso se hizo cargo del asunto y colocó dos guardias para la protección de otros venaditos que consiguieron. Como se ve, hoy día no se respetan ni las ilusiones de los niños. *¿Quedan aún esperanzas?*

La Comisión Federal NIH aprueba implantar genes humanos en animales

El Instituto Nacional de la Salud de los Estados Unidos, aprobó con una votación de 22 contra 0 la continuación de experimentos donde se permite implantar genes humanos en los cochinos y ovejas, no para salvar vidas humanas, sino para producir animales más grandes, animales que contendrán lógicamente, partes humanas.

Estos experimentos se realizarán en el Departamento de Agricultura en la ciudad de Beltsville, estado de Maryland. Después de esto, ¿quién va a creerle a la *National Institute of Health*, que los experimentos que realizan donde atormentan y descuartizan a tantos miles de animales es por beneficio de la humanidad? *¿Quedan aún espe-ranzas?*

¡Mira qué Palomita tan linda! ¡Mátala para que te diviertas!

Muchos clubs de tiro en los Estados Unidos continúan con la práctica de usar palomas vivas para adiestrarse. Bill Poole, administrador del *Greater Houston Gun Club* declaró que habían reactivado la práctica de usar palomas vivas para practicar el tiro, ya que muchos miembros así se lo habían solicitado. Se aburrían tirándole a los platillos y se les ocurrió esa solución para "divertirse". *¿Quedan aún esperanzas?*

Los Carnavales de la Muerte en España

La ciudad de Ronda, al sur de España, es el centro de la hermosa zona llamada Los Llanos de la Cruz, en la cual, a pesar de que habían prometido lo contrario, todavía se continúan celebrando las fiestas donde amarran a los animales y les tiran piedras hasta matarlos después de grandes sufrimientos, con sus patitas partidas, a veces los ojos destrozados de una pedrada, etc. En la foto, pueden observar el júbilo de las gentes ante el dolor de los animales. *¿Quedan aún esperanzas?*

Matan a delfines

Pescadores japoneses de la Isla de Iki, lograron atraer a miles de delfines dentro de una pequeña bahía tirándoles comida. Cuando los delfines estuvieron donde ellos los querían, cerraron la bahía con redes y comenzaron a matarlos, porque según los japoneses, los delfines competían con ellos en la pesca. Los gritos que emitían los delfines (según algunos europeos que presenciaron el triste espectáculo) rompían el alma. Las aguas de la bahía se tiñeron de rojo con la sangre de los Inocentes. *¿Quedan aún esperanzas?*

Perros en Filipinas

Este perro aún no estaba muerto cuando lo tiraron sobre el fuego. Es otra de las formas de matar a los perros lentamente, para que les sepa más sabrosa la carne. Los filipinos decentes deben llorar de bochorno ante tanta crueldad. *¿Quedan aún esperanzas?*

Las pieles de las focas

En Canadá, continúan con la práctica de matar focas de pocos días de nacidas para "robarles" las pieles. En la foto a continuación, se observa un asesino canadiense en el momento que mata una foquita, y en la siguiente, una madre foca sufriendo antes el cadáver de su retoño . *¿Quedan aún esperanzas?*

En Filipinas las salvajadas continúan

A pesar que el gobierno de Filipinas está tratando de ponerle fin a esta cruel costumbre, aún continúan las crueles prácticas de matar a los perros para comérselos, pero lo peor de todo, son las inhumanas y bárbaras condiciones en que se mantienen a estos pobres animales antes de que los maten. Muchos de ellos viven con las patas partidas por días y días, y más horrible aún, es que muchos de ellos consideran que si los perros mueren poco a poco, la carne sería más tierna y por ello, los ahorcan con lentitud, para que dure más la agonía. *¿Quedan aún esperanzas?*

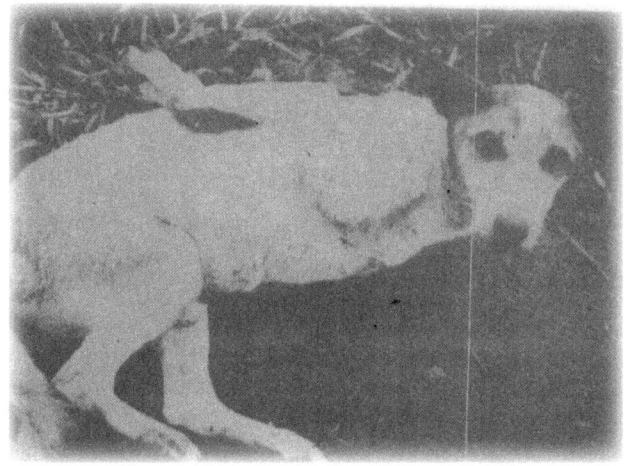

Ahora lo ves, ahora no lo ves

El Jaguar es un animal a punto de extinguirse. Van quedando muy pocos, pero como las mujeres quieren continuar usando pieles a pesar de que las sintéticas son bellísimas y mucho más económicas, siempre habrá hombres terribles, sádicos y asesinos que no se detienen ante nada para ganarse unos cuantos pesos. En la primera foto, se puede apreciar la belleza del jaguar. En la segunda... juzguen ustedes si merece la pena asesinar a estos bellos felinos para satisfacer la vanidad. *¿Quedan aún esperanzas?*

¿Quedan aún esperanzas?

Seguramente ustedes habrán notado o escuchado como en algunos desiertos las plantas o sus semillas están meses y años esperando que llueva para "renacer" y entonces, grandes extensiones de ásperos y áridos lugares se cubren con flores como si fueran enormes jardines tropicales, duran unos pocos días y después mueren, "aparentemente" esperando otra vez la bendición de las lluvias.

También es de mucho interés el descubrimiento de muchos científicos de diferentes naciones, en que algunas semillas pueden estar enterradas por años, después de los cuales, y bajo las condiciones adecuadas, fructifican. Se han dado casos de encontrar semillas que han estado enterradas por 300 o 400 años y al sembrarlas en la superficie, han respondido al agua y al sol, y han renacido. En Egipto también se han encontrado semillas en las tumbas de los faraones, que han estado 1,000 o 2,000 años enterradas, y han fructificado. Y no hace mucho, los chinos encontraron unas semillas de tomates que datan de hace doce mil años, según los cálculos que hicieron, y sometiéndolas en un ambiente controlado de perfección para su desarrollo, estas semillas también fructificaron.

Semillas, cápsulas de vida de la naturaleza, nos preguntamos *¿quedan aún esperanzas?* seguramente que sí. El único problema es que quizás..., quizás primero tenga que venir la noche, una

larga noche, seguida del Armagedón y después...
después..., cuando se ha limpiado la tierra de tanto escarnio, de tanta avaricia y de tanta crueldad,
resurjan el sol y la lluvia y los árboles, regresen los
pájaros con sus bellos cantos, y las flores y los animales tendrán de nuevo paz. Y de nosotros, quizás fructifique alguna buena semilla. ¿Cuándo?
No se sabe.

¿Quedan aún esperanzas? ¡Tiene que haber!

Ríos y humanos

Desde el Manantial surge el río, poco a poco va corriendo, generalmente desde las montañas, atraviesa bosques y llanuras, alimenta y sofoca la sed de las plantas y los animales. Cuando es joven cruza sobre piedras, lleno de energía, salta sobre ellas, o las taladra a veces, siempre alegran, joven, energético, saltarín, atrevido...

Ese mismo río, impetuoso a veces, es largo, muy largo, pero va venciendo todos los escollos, es bello, refrescante, y si fuera una persona, lo calificaríamos también de optimista.

Ese mismo río, cuando va llegando a su meta (que podríamos llamarlo fin), se hace plácido. Está ahora en una llanura costera, es más ancho, más caudaloso, más lento.

Ya en la llanura costera sus aguas no cantan, no saltan sobre rocas, no taladran barrancas, se va acercando al mar, su último destino, entra en él, y desaparece.

Son ustedes, los jóvenes, los que alegremente hacen cantar el dúo de rocas y aguas, ustedes los de menos de treinta, así son las personas de esa edad, después, hasta los 60, van atravesando bosques, alimentando árboles, arbustos, pájaros y animales, van dando vida, sin ustedes no tendríamos esperanzas.

Las personas de 70 en adelante, ya entramos en la llanura costera. No hacemos canciones ni con el agua, ni con las piedras. Vivimos plácidamente nuestros últimos kilómetros, sabemos que nos estamos acercando al mar, nuestro final y desaparición.

No tratemos que las aguas de los bosques sean como las que brotan del manantial, esa agua fresca joven y cristalina, ya no existe, disfruten ustedes los que aún no han cumplido 60, disfruten. Es el último cauce en que sentirán la sangre de sus cuerpos vivir con alegría e ímpetu propio y pleno.

Fluyan, como el río, no piensen en otros ríos, ustedes tienen sus aguas propias, ustedes tienen sus canciones sobre los escollos y las piedras, denle vida a lo que tienen, porque, aunque no lo crean, no les queda mucho tiempo, la llanura costera los espera, después, el mar...

www.ingramcontent.com/pod-product-compliance
Lightning Source LLC
Chambersburg PA
CBHW030303290526
45785CB00001B/194